文化を問い直す

舞台芸術の視座から

HIRATA Eiichiro + HARIGAI Mariko + KITAGAWA Chikako
平田栄一朗＋針貝真理子＋北川千香子 編

彩流社

目次

序章　文化を問い直す――文化・アイデンティティ・自由と舞台芸術

平田栄一朗

一　自由な文化の退潮と文化的アイデンティティ

自由な文化が個々人にとって大切なのは言うまでもないことだろう。私たちは政治・経済・法律などの、自己の生存に関わる諸条件に左右されるが、だからこそ私たちはそれらに必ずしも縛られない自由な領域を生活や余暇に確保したいと考える。この領域は個人の自由を出発点とするがゆえに個性重視の特徴を帯びる。一方、この領域は社会の構成員である複数の個人の活動によって成り立つので、複合的な集合性を成す。自由な文化は、個人の自律と、そのような人々から構成される緩やかな集合体である。個人志向か集団志向に個人差があるにせよ、多様な人々の自由を保障する多元的で緩やかな集合体としての自由な文化領域が、私たちの日々の生活に不可欠であることに疑問の余地はないだろう。

この自由な文化は西側世界では第二次世界大戦終結後、東側世界ではベルリンの壁の崩壊後、着実に発展するようにみえたが、近年、多くの国々と地域でふたたび制限されるようになった。この制限は法律や政治の規制によるだけでなく、文化の趨勢によっても助長される。それは例えば次のようなものである。大規模災害やテロが世界各地で起こりうるようになったので、安全性を強化する必要があり、個人の自由が制限されることは止むを得ないと多くの人々が考えるようになった。グローバル化と新自由主義的経済によって経済格差が広がり、価格や企業同士の競争が激化し、地域社会が不利に置かれるようになった。その結果、日本社会で顕著なように、地方の若者たちは自分の可能性を大きく広げうる夢や目標を追求するよりも、自分が帰属する国・地域・家庭との調和のなかで自分のささやかな目標を求めるようになった。新自由主義が世界各地の人々の暮らしに影響を及ぼすことになったことで、個人的な自由の追求を控える人々が現れた。自由経済システムが社会に広がった結果、個人の自由がかえって制限される矛盾が生じた。しかし多くの人々がこの矛盾や新自由主義的経済の弊害を深く掘り下げて考えないまま、個人の自由を自己の経済状況に応じて捉えることを仕方がないとみなしているようにみえる(1)。

自由の制限は芸術の分野にも及んでいる。欧米の美術館では、植民地や猥褻性などの問題を扱った作品がインターネットなどの抗議運動を受けて、展覧会の主催者がみずから公開を制限するようになった(2)。展覧会に直接赴いて抗議する者はごく僅かであっても、挑発的にみえる展示の表現に気持ちを傷つけられたなどと考える反対者がインターネット請願で呼びかけると、国内外から一定数の人々が賛同し、仮想空間上では大きな反対勢力が形成されたようになる。展覧会の主催者は、仮想空間とはいえこの反対勢力を無視できず、芸術の自由を存分に発揮する果敢な企画を控えるようになりつつある(3)。

この傾向は日本にも当てはまる。国際芸術祭「あいちトリエンナーレ2019」の企画展「表現の不自由展・その後」では、出展作品「平和の少女像」に対してインターネットと電話での抗議により、主催者がその展示を長期間中止した。この企画展は本来、日本の美術館などで展示を拒否されたり、撤去されたりした作品を展示し、鑑賞者に表現の(不)自由について考えてもらうことを目指したが、結果として、多くの人々が作品を鑑賞して、芸術の(不)自由について自発的に考える機会が著しく限定されてしまった(4)。社会に忍び寄る自由の制限は、経済の不安定や政治のナショナリズム化などの外的な変化だけが原因ではない。その要因は自由や個人主義に対する人々の価値観といった内在的で文化的な領域の変化にもある。

このような外的かつ内的な変化のなかで、ある風潮が世界の多くの社会に台頭してきた。それは文化論において文化的アイデンティティと呼ばれるもので、特定の地域や国などの包括的な特徴を示す文化的特性である。文化的アイデンティティは、個人が帰属する世界に「普通」に生きていると思うとき、自分と世界の関係に関する自明性を――自分が明確に意識することなく――個人にそれとなく自覚させる、見えない構造である。それはまた個人のアイデンティティと密接に関連し、個人の意識の下で潜在的に機能する。例えば「私」が日本社会に「ヘテロ」な日本人男性として生活し、都会の会社に勤めて家族を養い、多少の苦労はあるが、そこそこの生活を送っていると感じて、自分の生き方にそれなりに納得しているとする。[5] このような自覚は、自分が社会的に優勢なないしは主流の側に属するがゆえに可能になる。このとき文化的アイデンティティが私のアイデンティティを無意識の次元で下支えしている。

他方、文化的アイデンティティは、そのような勢力に属さない人々にとって精神的な負担となりうる。私が例えば「ヘテロ」でなく「ホモセクシャル」であったり、家族を養う経済力がなかったりすると、「日本社会の男性」の文化的アイデンティティから逸脱し、私は日々の生活で息苦しさを感じやすくなる。特定の文化的アイデンティティだけが社会において優勢になると、人々を社会的に優勢な側へと包摂する拘束力が強まり、社会のなかで少数派として生きる人々は、自分たちに不利な制度や法律以外の領域だけでなく、文化の領域でも疎外を感じるようになる。

この数年、世界の多くの地域で、文化的アイデンティティの過剰な傾向がナショナリズムの機運に後押しされて顕在化するようになった。ヨーロッパでは極右政党とその支持者たちがヨーロッパ文化を「われわれ」の「アイデンティティ」として声高に叫ぶ一方、数十年の移民化のプロセスのなかで地元に定着した外国人やイスラムの文化を、自分たちの世界観と相容れない「異質なもの」とみなして排斥しようとしている。[6] アメリカではトランプ大統領が、多様な価値の可能性を活かす多元文化主義の政策を転換し、自国経済の優先や環境政策軽視などの偏った価値観を国民全体の利益とみなすことで、アメリカ社会に蔓延し始めた中近東や南アメリカなどからの移民を排斥する風潮を助長している。(7)

事情や背景は異なるものの、日本社会にも同様の傾向がみられる。仏教や儒教の影響などゆえ文化風習に共通点が多い隣国の中国や韓国に対して、適切で十分な歴史的・社会的認識に基づくことなく、「自分たち」との違いを異質なものとして強調する風潮が高まっている。その結果、この国に住む外国人への偏見が強まり、社会の価値観が一方的な見方に左右されやすくなった。

特定の文化的アイデンティティが蔓延すると、社会の少数派だけでなく、多くの人々も息苦しさを感じるようになる。社会に生きる多くの人々は、自分たちが生きる国や地域を否定しているわけではないものの、自分と、自分を取り巻く世界や人間関係は多種多様であると考えているだろう。彼らを取り巻く文化的状況は、ときに自分の個人的価値観と同じ場合もあるが、一致しない場合もある。多様な価値を保障する世界はその内側に一筋縄で説明できない数多くの矛盾をはらむのが一般的である。この多様な矛盾自体は——好むと好まざるとにかかわらず——自由に生きる人々を緩やかに包摂する多様な文化世界の前提条件である。多様で自由な世界であれば、自分と、自分を取り巻く文化的世界がときに近く、ときに遠く感じられるのは自明である。特定の文化的アイデンティティだけが蔓延する風潮で人々が息苦しく感じるのは、この前提条件が崩されるからである。矛盾の条件が暗黙の了解として社会で担保されていれば、個人は自分の世界観と合わない自文化のある傾向を、必ずしも合わせなくてよいのだと考えて退ける自由を行使できるが、個人と全体を統一化させる文化的アイデンティティはこの自由を著しく狭めてしまう。個人のアイデンティティと文化のアイデンティティは齟齬をきたしたり、摩擦が生じかねない関係にある。「日本文化」「地域文化」「郷土伝統」などの文化的アイデンティティの標語を安易に標榜して多くの人々を動員しようとすると、その国や地域で暮らしているが、それらの標語と異なる価値観を信条にして生きる人々の活動が阻害されやすくなり、彼らに備わる多彩な個性が社会の各所で活かされなくなる。そのような社会は少しずつ画一的になり、多様だからこそ活かされる柔軟性や弾力性に乏しくなる。文化的アイデンティティは融通の利かない硬直さを社会にもたらす危険性をはらむが、表面上の分かりやすさと統一性ゆえに人々に安心感をもたらし、彼らの関心をこの負の側面に向けさせないような作用を及ぼす。

二　文化への問いかけ

ここに、古くて新しい問いがいっそう重要度を帯びて浮上する。多様な人々の多彩な個性を活かす自由な文化を発展・維持するには、どのような文化が望ましいのか。少数派や例外に置かれた人々がこれまで以上に自由を享受できるようにするには、私たちはどのような文化を目指すべきなのか。アイデンティティの危機や価値観の混乱を収束するようにみえる文化的アイデンティティの風潮がかえって多様な個人の自由を脅かす今、私たちはどのように抵抗し、そのような抵抗の文化を陶冶できるのか。

これらの問いに対して、カルチュラル・スタディーズの担い手を始めとする様々な人文社会学の先達が果敢に取り組んできた。本書はその重要な見地を踏まえつつ、ここでは演劇文化を考察する本書に関連する五つの方向性を提案する。それらは、私たち一人ひとりが自己の意識や考え方をおのずから問い続ける姿勢に端を発する点で共通する。私たちが多様な人々の多様な個性を包摂する自由な文化を維持・発展したければ、それは画一的な「私たち」という集団の次元からではなく、個々人の自発的な姿勢から出発すべきであろう。そうすることで個人の自由を尊重する第一歩が踏み出せる。

①自明性を問うこと――文化に対する私たちの意識は暗黙の自明性に基づいている。私たちが「自分たちの文化はこのようであり、他の文化はあのようである」とか、「私(たち)がこのように考えたり、振舞うのは一般的である」と思うとき、私たちは文化的な意識を働かせている。その際私たちはしばしば、それがどうして「このよう」だったり、「あのよう」であるかを自問したり、他人に説明することなく、それが「一般的である」とみなしている。文化的意識は、私たちがその根拠や一般的妥当性を本格的に問わない姿勢によって支えられて、「私たち」の一般的な意識となる。これは例えば「和」の通念から説明される。「和を以って貴しとなす」という憲法一七条の発想は元々日本固有のものではなく、中国の『論語』や『礼記』にある同様の文言に影響を受けて、「君

―臣―民」の秩序を豪族たちに浸透させようとした特定の政治的事情を背景にして作られた。にもかかわらず一定数の人々がこの文言をこのような歴史的背景をほとんど考慮せず、日本人全般のエトスを表す特徴とみなしている[8]。日常の至るところで妥当とされる通念には、そこに至った経緯が曖昧や偶然だったり、当時の為政者の都合によって始まったりしたが、それがいつの間にか人々の暗黙の了解によって慣習となり、今では「伝統」や「一般的」とみなされるものが少なからずある[9]。

自明性と文化的意識が密接に関連する以上、自明性を問うことは、私たちの文化的意識や通念を問い直すことでもある。そのような問い直しは、文化的アイデンティティの圧力への抵抗につながる。

この一例を、近年のヨーロッパ社会において文化的なイメージ戦略で極右思想を浸透させようとする「アイデンティティ」運動に照らし合わせて考えてみたい。同運動の活動家は、ヨーロッパ世界を多様な価値に寛容な文化であると標榜し、多元文化主義を重んじているようにみえる。しかし彼らはこの標榜によってヨーロッパという自文化と、彼らが多様性に欠けるとみなすイスラム文化との違いを強調し、両者を峻別することで、ヨーロッパの右派勢力に典型的な反イスラム思想を煽っている[10]。彼らは、ヨーロッパ文化は多様性に寛容な多元主義であると主張しつつも、その文化的範囲を、彼らが考える「私たち」の多様性だけに限定し、他の文化にも備わる多様性を排除する。彼らは、ヨーロッパ文化を多元的、イスラム文化を非多元的とみなすことで、両者を単純で画一的な文化的アイデンティティの枠内に収めてしまっている。しかしどちらの文化にも、この枠に収まらない例外や変種、差異化されたものが見出されるし、それらを含めて「文化」とみなすのが本来の多元主義の立場であろう。アイデンティティ運動の担い手たちは、この越境的な多元性や多様性の特性を否定し、結果として彼らの価値に合わないものを一方的に排斥しようとする。彼らの言う多元文化は、そう見せかけることで自己の主張を正当化しようとするだけであり、本当は多元性を否定しているのである(11)。

この見せかけに騙されないようにするために、私たちは、この運動の担い手たちの言う「アイデンティティ」「多元主義」「私たちの文化」などの表現が本当に「そのようである」のかと問いかける必要がある。本来、これらの表現には良い意味も含まれている。しかし言葉の意味は、それを用いる人の意図や文脈によって大きく変わりうる。アイデンティティ運動の担い手たちは文化の「多元主義」と言うことで文化の画一化をもたらし、「アイデンティティ」と言うことでイスラム文化の人々の個性を否定する。良い意味の言葉が反対の意味すら意図してしまう。このことは、私たちが普段当たり前のようにして用いる言葉の意味すら自明ではないことを示唆する。だからこそ私たちは直面する事象に対していっそう慎重な姿勢で臨み、そこで言わんとされているものが本当にそうであるのかと問いかけて妥当な判断を下す必要がある。

画一的な「文化的アイデンティティ」の自明性を問うことは、硬直化しがちな文化に「風穴」を開けることにつながる。適切に問えば問うほど、統一的にみえる文化的アイデンティティには綻びの「隙間」が次々と生じる。隙間のある文化は風通しがよくなり、日頃息苦しさを感じる人々は息継ぎをしやすくなる。

②文化の裂け目・亀裂・齟齬・溝――グローバル化や速度社会によってさまざまな価値観が入り乱れる一方、それを十把一絡げに統制する反動勢力が強まる昨今、風通しのよい社会を作るには、複数の「風穴」を作り、そこに一定の力を持った「風」が行き交う必要がある。緩い「風」が一陣のみで流れるならば、一枚岩のような画一的文化の前に屈してしまうだろう。一方、複数の価値が乱立する混乱のなかで個々人に風通しのよいと思える環境を確保するには、風に一定の弾力性が必要となるだろう。画一性と混乱の両方を同時に抱える昨今の文化的状況に適度の風穴を開けて、自由な風を吹かせ続けるには、文化のなかにあえて「亀裂」「裂け目」「齟齬」「溝」などの埋まり切らない緊張領域を見出し、その内実を明らかにすることが有効である。

この緊張領域は一見すると厄介に思えるが、私たちが個人として複雑な社会を生き延びるための不可欠な条件でもある。「私」は「今の自分」を肯定しないと日々の生活に充実感を持てなくなる一方、「今の自分」では不十分だと思う側面がないと、向上心をもって自分を前進・成長させることはむずかしい。ジークムント・フロイトが述べたように、私は「今の自分」という自我をめぐって分裂し、その分裂の緊張状態のなかでかろうじて自分に折り合いをつけて生きている。[12] この分裂を否定したり、完全に克服したと思い込むと、私は、複雑で厄介な自己の現実を否定することになる。自己の現実の否定はいわゆる自己否定であり、その一方的な否定性だけで私はサスティナブルに生きることは難しいだろう。同様に、私たちは社会に本質的に備わる複雑で厄介な現実を受け入れないと、長い人生において起こりうる複雑で困難な社会的局面をそのつど切り抜けるための出発点を否定することになる。

「文化的裂け目」や「亀裂」の緊張関係が多様な日本社会の構築にとって重要であることは、民俗学者で東北学者の赤坂憲雄の論に確認できる。赤坂は、柳田国男と折口信夫が東北や沖縄の文化を主流の日本文化と異なる辺境の特色とみなして評価したものの、その特色は最終的に主流文化に一方的に包摂されることで価値づけられていることを明らかにして、柳田と折口の辺境論に潜む陥穽を指摘した。主流文化と大きく異なる特性を多様に保持する地方の豊かな個性は、辺境や多様性に注目しながら、最後は勢力の大きい中心に収斂させる、実態の伴わない「ひとつの日本論」によって損なわれてしまった(13)。そこで赤坂は、東北や沖縄の文化はその内実において互いに矛盾するほどに多彩な特徴を有する豊かな多様性を備えていること、また、その多様性は主流文化との裂け目を保持し続けている点に特徴があることを指摘した。日本文化はこのような裂け目を多く抱えており、そのような「『いくつもの日本』という混沌《カオス》に耐え」ることに、裂け目を保持しつつ、重なり合う複数の文化が共生できる未来像が開かれる(14)。もし私たちが日本に真に多様な文化が根付くことを目指すならば、それはすぐに「つながり」や「融和」を主眼に据えるのではなく、多様な価値ゆえの相違や亀裂という側面を重視することから始めて、それを詳細に検討した上で何らかの文化的統一性を――取り組む対象に即して文脈ごとに――見出すべきである。そうすることで私たちは、相違や亀裂などの側面が主流の勢力によって安易に包摂されることなく存続する辺境の現実を常に意識しつつ――辺境であれ中央であれ――個々人の自由と自律を保障できる集合体としての文化を目指すことが可能になる。

③「相互文化《インターカルチャー》」と「内在文化《イントラカルチャー》」

――日本に「文化的裂け目」や「亀裂」が認められる以上、「自文化」と「異文化」との「相互文化」についての通念も問い直す必要がある。自文化をしっかりと踏まえつつ、異文化を十分に理解する、あるいは、異文化を学ぶことで自文化をしっかりと振り返ることを目指す相互文化論は、自文化と異文化とのあいだの線引きと、自文化や異文化が――たとえ複雑であるにせよ――それぞれ一つの集合体として把握できるという発想を前提とする。さもないと、例えば「ヨーロッパ文化」を十分に理解することで「日本文化」の特質が見えてくるという相互文化論に特有の主張は成り立たないだろう。

しかし近年、ヨーロッパの多くの都市で移民が人口の三〇パーセント前後を占め、元からの住民も複数の文化的背景を伴って育ち、日々の生活を送っている。ヨーロッパほど多元文化的ではないようにみえるアジアの諸国でも大都市を中心にますます多くの外国人が暮らし、一定の移民が共に暮らす社会が一般的になりつつある。「メイド・イン・ジャパン」と呼ばれる製品にも、他国や外国の企業で生産された部品が混在している。今や日常の多くの領域で、「自文化」と「異文化」を截然と分けることから考察を出発する相互文化の発想では説明できない複雑な状況が生じている。

このような複雑な事情を踏まえた妥当な文化的視座は次のようなものであろう。自文化であれ異文化であれ、どの文化圏においても混合・差異・矛盾を抱える以上、あらゆる文化圏にも、自文化や異文化と言い切れない曖昧な領域が含まれている。したがって自文化に異文化的なものが含まれたり、異文化に自文化と同然のものが見出されることは、例外的というよりも一般的であると考えるべきであろう。

一方、「自文化」と「異文化」の領域・境界がどれほど曖昧になっても、文化の相違や相互文化の発想が私たちの意識から消えるわけではない。私たちがどれほどコスモポリタン的で、文化の垣根をたやすく乗り越えられる生き方をしても、私たちは相変わらず異郷の地で「自分たち」と異なる文化的差異や異質なものを見出すはずである。文化的アイデンティティと相互文化的な観念は、従来のような明確な形態でないにせよ、私たちの意識のどこかに残っている。残り続けるのだから、自文化のアイデンティティが希薄になることを恐れて、これをことさら喧伝する必要はないのではないだろうか。

むしろ有益なのは、自文化と異文化のアイデンティティが曖昧になっても、私たちがいまだ保持する自文化と異文化への意識や、何かに対して異質だと思う判断力をみずから省みることにある。そうすることで私たちは、身近なものと異質なものを分け隔てたかと思えば、両者を一緒に考えようとする私たちの意識のあり方を見直すことができる。

哲学者ベルンハルト・ヴァルデンフェルスは異文化への違和感を、「私」のなかに生じる「内在文化的な異他(intrakulturelle Fremdheit)」と「内在個人の異他(intrapersonale Fremdheit)」の経験として考察する。(15) 私たちは異文化への違和感を、その要因が異文化にあると考えて、原因を他者に向けがちである。しかし違和感は「異他の経験（Fremderfahrung）」として自分のなかに生じている以上、個人の内側に起きる異質な経験でもある。異文化の人々との交流は相互文化的《インターカルチュラル》や人間相互間《インターパーソナル》の次元だけでなく、一個人に生じる文化的経験の次元に基づいている。ヴァルデンフェルスによれば、異文化に対する違和感は、この両方の次元が絡み合うようにして一個人に生じている。「人間相互間《インターパーソナル》または相互文化的《インターカルチュラル》に生じる異他〔の経験〕は、内在個人《イントラパーソナル》の内在文化的《イントラカルチュラル》な異他〔の経験〕と切り離すことができない」[16]。人と物が行き交う開かれた現代社会では、自文化と異文化、自己と他者が容易に切り離せない状態にあるが、その複雑な混交が私たち一人ひとりに個人内の経験として生じている。ヴァルデンフェルスはこの個人内の経験を重視して、それをみずから省みるべきであると提案する。

この自省によって異文化の違和感におけるもう一つの実情が浮き彫りになる。それは、異文化や異質な人に対する「私」の違和感は、それが自分にとって異質ゆえに生じるだけでなく、「私」のどこかに抑圧された潜在する異質性と呼応しているという実情である。フロイトが不気味なものの経験は、自分のなかの不気味さを経験することでもあると指摘したように、異文化や異質な人への違和感は、私のなかに説明できないようにして蠢く異質な何かと呼応するからこそ、私は違和感を抱く。異質なものが自分のなかになければ、他人や異文化との遭遇で異質さを感じることはないのである。ヴァルデンフェルスは、異文化に対して適切な姿勢を確保するには、個々人がまず自分と自文化の異他性を見つめることから始めるべきであると示唆する。「〔……〕自文化の中に現れるが、その中に閉じ込められることのない〔状態で、異文化・異質な他者に呼応する〕『野性の領域』がある。まさにここから異文化への道筋が開かれる。それは〔……〕エキゾチックな好奇心や、知ったかぶりな批判を超えたところにある道筋である」[17]。グローバル化がもたらす見通しがたい複雑さと、それに伴う不安が募る状況だからこそ、私たちは異質なものを他者や異文化に見出すだけでなく、それを、自分(たち)のなかにある異質なものと冷静に比較しつつ考えてみる。ヴァルデンフェルスは、グローバル化が人々を混乱に陥れるからこそ、誰もがその気になれば実行可能で、地に足の着いた相互文化的思考の第一歩を示唆している。

④文化・権力・アイデンティティの三位一体——文化が政治から切り離された独自の活動領域ではなく、それと密接に関係するありようを多角度から指摘したのがカルチュラル・スタディーズである。美しいラブソングが、レズビアン同士の愛を謳っただけで誹謗中傷されたり、政治的な問題にまで発展しうるように、文化は政治と無関係と思いたくても、それに巻き込まれうる。また権力が文化の衣をまとって人々の歓心を買うこともできる。現代の権力者たちが明白な暴力性で一般の人々を脅かすことは少ない。むしろ権力者たちは政治と無関係と思われがちな文化の領域で人々の共感を得ることで、自分たちの目指す政治的方向へ人々を自発的に向かわせようとしたり、人々が政治の領域に関心を持たないようにさせる。

文化と政治の密接な関連は国内外の優れた先達の論に確認することができるので[18]、ここでは「文化的アイデンティティ」の問題において重要な関連性について述べる。政治学・文化学者オリヴァー・マーヒャルトが指摘するように、文化は「権力の関係性」のヘゲモニーに左右されるだけでなく、ヘゲモニーに加担するようにして具体化される。個人は、この相互連関的な関係に自らを巻き込みつつ、また巻き込まれるようにして自分の社会的地位を獲得・維持したり、その獲得に苦労したりする。[19] 文化と権力とアイデンティティが互いに関連し合うなかで、「私」は何らかの社会的立場を築き、保持している。

文化・権力・アイデンティティの連関は、例えば女性の社会進出の困難さという事例から確認できる。[20] 女性が男性の同僚と同じ、もしくはそれ以上の能力を発揮するにもかかわらず、職場で賃金や昇進の点で不利に置かれるのは、法律上の問題というよりも、職場の文化と力関係に問題があるからである。職場が重要な仕事を男性に任せがちな「男社会」だったり、上司が「女性は出産と子育てに時間を取られるので、責任の重い業務は任せらない」と語り、部下がそれを黙認する環境では、女性の就労者は昇進などの機会に恵まれなくなる。このような状況を多くの人々が「仕方がない」として容認していると、女性の社会的進出はますます遅れて、女性にとって不利な文化が社会においてさらに強まる。この文化的風潮では、女性は自分らしく働くのがいっそう難しくなるのに対して、男性は自分が「男」として働くことに不利を感じない。文化と権力とアイデンティティの連関は法律や契約に明記されていないし、多くの人々によって明確に意識されてもいない。この連関はむしろ人々の意識にほとんど上らないようにして黙認されて、私(たち)の社会的地位に影響を及ぼす。多様な人々がその個性を活かす自由な文化を確立・維持したければ、この三位一体の関係に注意深くなるべきであろう。

⑤問い続けるプロセスの必要性――これまで述べてきた四つの方向性はいずれも、文化と私たちの文化意識を問い続ける姿勢という点において共通する。さらに、文化や個人のアイデンティティ、文化と政治性との連関、相互文化の通念についても問い直す必要があると提案した。これらの問いかけは、文化とそれにまつわる事柄について問い続けるだけで、何らかの結論や建設的な提案を導き出していないと思われるかもしれない。

しかし多様な人々が多様に生きる自由領域が保障される文化のためには、文化の問題に対してすぐに答えを出すよりも、文化にまつわる事柄を多角度から問い続けるなかで、見出される妥当な方向をそのつど見極めるための問いと考察のプロセスを確保するほうが妥当である。ある者と別の者との関係性だけでなく、一個人のアイデンティティそれ自体がときに差異化・分裂化するようにして複雑に折り重なり合う文化の諸問題は、一方向だけに向くような答えによって全面的に解決されることはないだろう。ある方向から諸問題を見つめて何らかの解を見出して実行に移しても、別の諸問題が取り残される可能性はある。それどころか、一つの解を諸問題に当てはめることで、新たな問題が生じることもありうる。

そうであるならば、私たちはむしろ、複雑な文化の諸問題を多角度から見つめて、そのつど生じる疑問を一つひとつ考えるプロセスを確保すべきである。このプロセスのなかで私たちは、そのつど現れる新たな諸問題を見据えながら、暫定的で妥当な答えを見出すことを繰り返す。文化の諸問題を解決に導く試みは、問い続けるというプロセス型の取り組みである。問い続ける試みは、多様な価値を認める開かれた文化だからこそ起きる諸問題に一つひとつ取り組む妥当な姿勢の証左であり、この姿勢をもって問い続けることの積み重ねが多様で自由な文化を少しずつ育んでいく。

文化の個々の問題に適切な枠組みを探す作業は、個と全体のバランス関係を常に問い直すことでもある。それは、個が全体に一方的に包摂されず、かといって個がまったくの孤立状態に追い込まれない個性重視の文化のために不可欠な実践行為と言えよう。

三　芸術による文化への問いかけ

文化への問いかけは、芸術の領域において自発的、多層的、多角度的に行える。しばしば指摘されるように、芸術作品が描き・経験させる世界は、「かのように」という虚構と現実とのあいだの独特の領域に鑑賞者を置く。その領域において鑑賞者は一個人として作品と向き合っている。つまりその領域で鑑賞者は作品を——他の鑑賞者の判断や通説の解釈に従うことなく——自分本位で自由に解釈することができる。(21) これは読書のような単独で行う状況でも、多くの鑑賞者・観客がいる美術館や劇場などの集合的な場においても同じである。

近現代の芸術作品の多くは虚構の世界を描き、その世界を喩えにして現実世界に対する何らかの問題提起をしている。それは、私たちの世界はどうあるべきなのか、どのように変わりうるのかなどを問う点において文化への問いかけである。その問いかけによって、私たちは世界の分裂や対立、解決し難い困難な状況、にわかに認めがたい実情に直面する。芸術経験の意義はここにある。現実世界ならば私たちはそのような状況と向き合おうとしないが、それが虚構世界において示されることで、私たちはその状況と一定の距離を保ちながら向き合うことができる。芸術経験は鑑賞者にこの距離を保障するが、これによって私たちはときに強い否定性を伴う状況をしっかりと見つめる余裕を確保できる。

さらに芸術作品の鑑賞者は作品と向き合うとき、現実世界に対するよりも自由に文脈を変えながら解釈することができる。現実世界のさまざまな制約から離れることで、鑑賞者は独自の観点、想像力や知性を発揮して、自由に解釈できる。同時に鑑賞者はジェンダー・国籍・出自などの自己の社会的帰属から自分を切り離すこともできる。鑑賞者は、自分とまったく異なる状況に置かれた人物を、その人物の視点に立って状況を考察したり、自分の価値観と異なる見方から人物を解釈したりすることができる。このように、芸術経験によって私たちは自分の文化・社会的な帰属性から離れて他者の領域にまたがりつつ、自分が「現実」と思う世界とは異なる世界のあり方を想像できる。

現実の経験と比べて芸術経験は、より自由でオープンな省察の機会をもたらす。私たちは芸術作品とその世界を鑑賞するとき、対象と自分との関係を問い直したり、その対象と向き合う自分（たち）の状況を省みることができる。これは現実世界でも実践できるが、他人と交流する状況では意思疎通を交わさなくてはいけなかったり、自分が置かれた周囲の状況に的確に反応しなければいけなかったりする。他方、芸術経験において鑑賞者は現実から一歩身を引いて、作品を受容することに集中しやすいため、高度な受動性のなかで作品と自分との関係性や、作品世界と自分が生きる世界との関係性をじっくりと省みることができる。[22]

このように私たちは芸術の世界を多様に解釈すると同時に、その世界と私(たち)との関係性を省みることで、カルチュラル・スタディーズが現実世界を考察する際に用いる「文脈[23]」をより広げて、作品世界を考察したり、現実世界の状況では思いつかない別の文脈を作品世界に当てはめたりすることによって、作品が提示する世界を文化の視点から問うことができる。

ただしこの開かれた可能性は「何でもあり」の自由に基づくのではなく、あくまでも作品が提示する世界と遭遇する範囲の中での可能性である。[24]また娯楽と異なり、芸術作品は虚構世界を提示して、鑑賞者を一度現実から遠ざけたとしても、そこからふたたび現実を振り返る何らかの契機を鑑賞者に示唆する。その示唆を鑑賞者が個人としてどのように受け取るか、あるいは、その示唆がどのようなものであるかを考えるのは鑑賞者の主体性に委ねられている。しかし娯楽が現実の煩わしい側面を鑑賞者にしばしのあいだ忘れてもらうことを目的とするのに対し、芸術は鑑賞者を現実から一度離れるような状況に置きつつ、現実の別の側面ないしは別の現実の可能性を自由に考える機会を提供する。[25]芸術経験のなかで文化を問うことは、現実の問題と向き合うとき以上に自由な状況で行えるが、それはあくまでも作品と向き合うという条件と、芸術作品からの何らかの示唆により何らかの現実に立ち返るという条件においてである。この条件において鑑賞者は自分の自由を最大限発揮することができる。

四　危うい演劇（文化）を逆手にとる

演劇が文化を問うとしたら、どのような意義と可能性があるだろうか。他の芸術ジャンルと異なる特徴は何であろうか。演劇の独自性を文化の文脈で捉えてみると、答えの手がかりが見えてくる。演劇の文化的特徴は、基本的に否定的なニュアンスを含むものばかりである。それは、他の芸術ジャンルと相違を明確にする演劇固有の用語に確認できる。ここにいくつか例を挙げてみる。演技は嘘と同然でもあり、演出は見てくれ・粉飾・やらせの要素を多分に含んでおり、ショー・パフォーマンスは中身の伴わない見せかけをも意味する。狂言という語は（犯罪行為的な）虚偽発言の意味でも用いられ、舞台上で称賛される見得は現実では自分を実際以上に誇示することを意味する。仮面は本心を隠すものであり、黒幕は政界で暗躍するフィクサーを暗示することがある。ヨーロッパの多くの言語では「シアター」や「ドラマ」という語は否定的な意味も含んでおり、「アクト」は性行為を暗示する場合もある。

演劇（文化）に特有の否定的特徴はいずれも「危うさ」や「不確実さ」という意味を帯びているが、それはおおよそ次の三点にわたる。

根拠の乏しい虚構性――演劇の表現には虚構性とあやふやな根拠という不確実さが漂う。

スペクタクル文化――パフォーマンス政治、やらせ、「劇場型社会」に暗示されるように、社会と政治の演劇的側面には危うさがつきまとう。

パブリック（観衆／公衆）の共犯者性――観衆／公衆は舞台／社会で起きるさまざまな出来事を一定の距離で傍観すると同時に、自分も観衆／公衆の一人として出来事に巻き込まれているという二重の側面がある。演劇上演において観客が舞台の出来事とこの二重性の状態で関わるあり方は、ヨーロッパの演劇学において観客の「共犯者性」と呼ばれている。(26) 観衆／公衆の共犯者性は日本でさほど知られていないので、以下に説明してみよう。

演劇が「今ここ」のライブ形式で行われ、観客《パブリック》が舞台上の出来事に立ち会っている以上、出来事に直接の責任はないが、間接的には責任を共有しながら傍観する。この独特の関係性が「共犯者性」である。ただしこの関係性が顕在化することはほとんどない。多くの観客が、舞台の出来事を興味深く見るかもしれないが、それを自分と直接関係のない他人事とみなして観劇している。舞台の出来事との共犯者性は観客自身によって明確に意識されない曖昧な状態で舞台と観客席とのあいだに漂う。

共犯者性とその無自覚は世の中の出来事に対する公衆《パブリック》にも当てはまる。私たちはテレビやインターネットで目にする出来事の多くを真剣に受け止めるかもしれないが、それが「私（たち）」と直接関係のないことを前提にして、それを眺めている。しかし私たちがそれらの出来事を無関係と捉えているうちに、その出来事の背後に潜む間接的な関係性（共犯者性）が、後になって自分に降りかかってくることがある。例えば一九九五年の東海村の原発事故、二〇〇四年のスマトラ島沖津波災害、二〇〇七年の地震による柏崎刈羽原発火災に対して、その地域以外の人々がより大きな関心を注ぎ、当事者の問題として考えていれば、日本の原発政策が予想し難い出来事への対応策を強化し、二〇一一年の東日本大震災の際、福島第一原発が炉心溶融まで至ることはなかったかもしれない。放射能汚染とその影響が自分たちに切実な問題として降りかかったときに、私たちの多くがそれに巻き込まれていると気づく。しかし「共犯者性」の考え方に依れば、私たちは世界の出来事を見続ける観衆として、原発問題や津波災害に以前から間接的に関わると同時に、巻き込まれてもいたと考えることができる。

私たちが演劇を例にして行う文化への問いかけには、このような否定的な側面を真摯に見つめると同時に、私たち自身も危うさや不確実さに関わっていることを省みる姿勢が必要となる。この姿勢は厄介にみえるが、実は私たちが観客として行使できる最大の自由に基づく試みでもある。舞台上でどれほど悲惨で、絶望的で、尋常ならざる不条理なことが起きても、それは所詮「虚構」であるので、観客はそれに対して自由な態度を取ることができる。舞台上の出来事をそのまま受け取ることも、反対の意味を示唆すると解釈することもできるし、どうしても納得がいかなければ上演途中で観客席を後にして、出来事に抗議する姿勢を表明できる。舞台上で直接ないしは間接的に示される文化の問いかけに対しても、観客は最大限に開かれた範囲で自由に解釈できる。このように演劇はその強い虚構性ゆえに、私たちは自分たちの（演劇）文化にまつわる強い否定性に対しても、開かれた自由な姿勢で臨むことができるのである。

見方を変えれば、演劇は最も否定的なものに対しても最大限の自由を行使すると言える。例えば舞台上において、通行人がある男に殺されかかっており、助けを求めているとする。観客としての私たちは何もすることなく、この状況を傍観するだろう。しかしそれが実際に目の前で起きた場合、私たちはその通行人を助けるために何らかの行動に出ないといけないと考えるはずである。このときある種の倫理観が私たちの脳裡をよぎり、何もせずに立ち去る私の自由を阻むであろう。一方、現実と同様に眼前ではあるが、舞台上で起きる殺害の危機に際して、私たちはこの規制すら受けない自由を行使できる。ただしこの自由にはある種のうしろめたさがつきまとう。私たちは眼前で起きる殺害の危機を、虚構ゆえに落ち着いて、自由に受け止められるが、この自由の享受が可能なのは虚構の状況ゆえのことであり、現実ではその自由が行使できないことを、暗に了解している。私たちは最大限の自由を行使する一方、それが危ういものでもあることを暗に認めているので、どことなくうしろめたさを感じるのである。このうしろめたさも観劇経験に特有の否定性である。舞台上の出来事を自由に解釈する観劇の大きな可能性は、うしろめたさを抱えながら見ているという否定の経験と表裏一体である。

さらに演劇の否定的な側面をより踏み込んで検討すると、その側面が、社会への切実な問いを私たちに投げかけていることがわかる。同時に、問いへの取り組み方次第では、それが個人の自由を抑圧する文化的アイデンティティに対する抵抗を見出す契機となる。以下にこれらについて考察してみよう。

［1］複雑に差異化されたアイデンティティ

舞台上の人間ほどアイデンティティを存分に発揮すると同時に、それが見通しがたいほど複雑に混在する状況は、演劇に特有と言える。俳優がある戯曲の登場人物を巧みな演技で体現するとき、俳優は一見すると自らの個性と能力を発揮して、登場人物の特徴を十分に表現しているようにみえる。つまり俳優は自分と、自分が演じる登場人物の二つのアイデンティティを同時にうまく披露しているようにみえる。一方、その登場人物は、劇作家が創造した登場人物であるので、登場人物は作者の分身かそれに近い存在であるかもしれない。また舞台上で観客が見る登場人物の特徴は、稽古の過程で演出家が解釈した人物像で、俳優がそれを巧みな演技で隠すようにして人物を演じる可能性もある。

舞台上の人間（俳優／登場人物）は一方でまごうかたなきその俳優、その登場人物であるが、同時に双方のアイデンティティは、劇作家、演出家、集団の稽古などの多くの他者のアイデンティティから成る複雑な関係性を経て混然一体となって舞台上に現れる。つまり舞台上の人間はその人に固有のアイデンティティと、それと矛盾するようにして複雑に差異化された混合体から成り立つ。俳優／登場人物は複数の他者性から成る混合体を醸し出すことで、差異のアイデンティティを示す。

このような俳優の自己の複雑な分裂は、現代人のアイデンティティの実情と似ている。「私」は「私」であるとの自覚に立ち、自己を世界という舞台の中心に据える一方、人々や状況との多種多様な関係性に自分を合わせている。俳優が自分自身であると同時に、多様な他者の何かを示すように、「私」は私でありながら、様々な社会的役割を受けるようにして他者や世界と関わり合っている。このとき「私」は、「自我」(フロイト)というもう一人の自分と一義的で不変の関係性のなかにあるのではない。私が「自分」だと意識する自我は、状況に応じて次々と変化する複数の自己と多様に関わり合っている。社会学者ハンス＝ゲオルク・ゼフナーは俳優と現実の人間の類似性を指摘した論において、現実の「私」は世界や他者との関わりにおいてだけでなく、自分との関係においても多様に変化していると述べた。私は様々な私と関わることで、「屈折した自己関係(gebrochener Selbstbezug)」を自分の内部に抱えている。[27]

屈折した自己関係は、メディア仮想空間で独自のコミュニケーションが行われるようになった昨今、いっそう複雑になった。例えば「私」がツイッターでときに実名で、あるいはときにハンドルネームで自分の身辺雑記を綴ったり、世の中の出来事について意見を述べたり、他の人々の意見にコメントすることによって、私は現実空間の私から離れ、複数化する。こうして離れていった複数の私の発言は、他人によってリツイートされたり、切り取られて引用され、異なったコンテクストで解釈されることによって、私が当初意図していた見解と異なるものになりうる。するとメディア空間の私は、私が当初意図したわけではない発言の主体として、つまりほとんど自分の発言ではない発言の「私」としても存在するようになった。

他方「私」は相変わらず自己を自分として意識した存在であることに変わりはない。変わったのは、俳優と同じように、私が屈折するようにして関わるもう一人の私が複数化して公衆の視線にさらされることで、自己が見通しがたいほど複雑に分裂するようになったことである。現代社会の私は、私という自我と、複雑に分裂するもう一人の私とのあいだで引き裂かれるようにして生きている。

この引き裂かれた「私」の状況が現代社会の諸問題に付随して見られることは、次の事例からも想像できるだろう。職場で仕事をきちんとこなし、人間関係も良好な人が、自宅でコンピューター画面の前に長時間座り、SNS上でハンドルネームを用いて外国人憎悪の意見を並べ立てる。いつもは温厚篤実と思える人が、特定の人々にだけ差別的な言動を差し向ける。インターネットに書きこんだ他愛のないコメントが、自分が意図した考えと違ったようにして解釈されたり、ネット空間の見知らぬ他人から人格を傷つけるような反論を喰らったりする。

これらは、他人を傷つけたり、反対に自分が傷つけられる深刻な事例だが、共通するのは、もう一人の私が普段の私から大きく離れ、普段の私というアイデンティティすら疑わしいものとみなされるようにして自己分裂することである。

これらの事例は心理学、社会学、メディア学などで考察されているが(28)、演劇の立場から文化の問題として検討することも可能である。自己と、自分が演じる様々な他者が混然一体となる俳優の複雑な「私」の実情を踏まえれば、私たち一人ひとりのアイデンティティについて次のように言えるだろう。「私」がときに別人に変容したようにみえることや、私のアイデンティティが捉えどころのない複雑な状況でしか成立しないことは、異常ではなく一般的であると考えられるようになる。ある人がときに普段と異なるようになるのを、不自然とみなす場合もあるが、それが普通であると考えられる場合もある。インターネット上で起きる先述の深刻な事例は、そもそもアイデンティティが複雑に変化するのが現実であるなかで、良くない変化の部類に位置づけられるべきなのである。

他方、この変容を際限なく認めると、人間主体が次々と七変化するのが当然の社会となってしまう。だからこそ私たちは自分と他者との関係だけでなく、自分のなかの他者性を個々の場面に即して慎重に見て考える必要がある。ここに、舞台上の俳優を見て考察を重ねる意義が見出される。俳優は様々な役やそれに準ずる人物像を通じて、アイデンティティについての根本的な問いを私たちに投げかける。それは「私とは何か」という単純な「自分探しゲーム」の問いではなく、「私は確かに私であるはずなのだが、どうして私は……でもあるのか、……になってしまうのか、……と……とのあいだで板挟みに置かれるのか」といった問いである。この問いは、俳優が置かれた場面で演じるあり方によって異なるが、場面や状況、役によってある程度文脈化されており、その文脈のなかで観客に投げかけられる。俳優は演技を通じて、舞台上の人間が文脈のなかでそのつどそのように「見える」何かを示すが、俳優は基本的に別人を演じているため、その何かは本当は違うものかもしれないという示唆を同一視《アイデンティフィケーション》の問題として観客に差し向けている。

この問題を突き詰めて考えると、私たちは「日本人」や「日本に生きるごく普通の男性」などの「文化的アイデンティティ」が「私」の多様な可能性の一つにすぎないことに気づくであろう。そのようなアイデンティティは、状況によって様々に差異化していく自分の多様性の一部を切り取って拡大解釈したものにすぎない。舞台上の俳優の複雑な主体の状況は、この幻想の呪縛から観客を解放する可能性を示唆する。

[2] 視覚文化と「見る私」の問題

演劇文化に特有の不確実さは、私たちが普段、観客のようにして周囲を見て判断する知覚行為にも当てはまる。一般的に私たちは、人や事物をしっかりと見て、認識し、理解し、適切に解釈することをよしと考えて、何らかの行為を行っているはずだ。この認識行為は、知覚して判断する「私」の主観に基づきながらも、ステレオタイプや謬見などに囚われないようにして行われるべきとされる。しかし／だからこそ私たちはときに重大なことを見落としたり、焦点がずれることに気づかなくなる危険性が生じる。

これが具体的に想像できるのは、一五世紀のヨーロッパの各地で行われた遠近法の実験と、その後の科学的発見においてである[29]。私たちは周囲のある対象を見るとき、焦点をしっかりと絞って立体的に見ていると思っている。しかしイタリアの建築家フィリッポ・ブルネレスキらによる遠近法の実験以降、人間は、実際に周囲を眺めて認識する立体空間の世界と、それを紙に書いた平面図とを明確に見分けることができないことが明らかになった。

その後フランスの物理学者エドム・マリオットらによって、人間の目がカメラアイとほぼ同じ構造であることが確認された。人間は周囲の立体的世界を見る際、肉眼を通じてそれを知覚するが、その像は眼球の奥にある網膜というスクリーンに逆さまの平面画像として映し出される。その平面画像は網膜の後ろにある「盲点」を経て視覚神経を通じて脳に伝わるが、このプロセスのなかで人間は平面画像を立体的に受け取り、自分が目の当たりにする周囲の世界を三次元的であると認識する。私たちは確かに周囲の状況をしっかりと知覚するのだが、そのプロセスには、自分がまったく把握できない「ずれ」(平面化とさかしま)が生じている。人間の知覚行為は「盲点」を経て「ずれ」た状態でしか成立しないという知覚のパラドックスを抱えている。私たちは、外界の何かをしっかりと認識すると同時に、何かを見失い、それに無自覚なままで認識行為を行っている。

この問題がヨーロッパの視覚文化や観劇行為と密接に関連することは、ドイツの演劇研究で指摘されている。一七世紀以降ヨーロッパの各地に建てられた多くの劇場に遠近法が用いられたことで、観客はどの席に座って見ても、舞台中央近辺の俳優の顔に焦点を当てて観劇できるようになった。これによって観客は舞台上の人間を立体感ある存在として観察したり、その立体像の奥に潜む内面を——演技と台詞による心理描写を通じて——十分に推し量ることができるようになった。しかし立体像を見る観客の知覚は、遠近法と視覚上のずれによってもたらされた「虚構」に基づいてもいる。[30] 観客が舞台を立体的に見ているという感覚と、この虚構の齟齬は、一八世紀のフランスやドイツの視覚文化の水面下にある「ずれ」と呼応するようにして——潜在的な次元で——起こっていた。名優と呼び称されたフランスの俳優は、平面画像である絵画に即した身振りで演じたが、その演技は観客から臨場感ある名演との称賛を受けた。ドイツの代表的な俳優たちは登場人物の内面の感情を「自然に」表現しているとして評価されたが、その演技は、実際には、当時の書籍で指南された身振りの方法論に基づく平面図的な鋳型に基づいていた(31)。

俳優によって実際に示された平板な人物像は、近代戯曲が登場人物を借りて個々人の内面を描いたとされる奥深い内面性の価値と矛盾するように思える。しかし近年の演劇研究で、近代戯曲の登場人物は、私たちが考えるほど奥深い内面性を持っておらず、フラットな層が複層的に広がっていく精神構造を示唆すると指摘されている(32)。個人の内奥を示していると思われがちな近代劇の人間像は、観客の意識下で生じている知覚上の実態(ずれとさかしま)を反映するようにして平面的で、さかしまですらあることが明らかになった。観客は舞台をしっかりと見て理解したことと、実際に起きていたことの齟齬に気づかないまま観劇する側面があるが、それが近代ヨーロッパの観劇習慣と視覚文化の一部を形成していたのである。

このことが文化圏と時代を超えて私たちに示唆するのは、次の点である。私たちは対象をしっかりと見て考えるたびに、何かを見落とす側面がある。その見過ごしの多くは些細なものであるはずだから、私たち個人に何か大きな不幸がすぐに起きるわけではない。しかしそれを文化の次元で捉えると、個々人の誤認の側面は深刻な様相を帯びてくる。何かを見て考える行為のなかでは、そのつど何らかの見落としが生じており、誰もが常に行っている以上、誤認は文化的な次元において知らずして集合的に蓄積されていく。それは——地震が複数のプレートの漸次的な動きが積み重なった末に起こるように——少しずつ集積した結果、甚大な事故や転変に発展しうる。しかもそれは、私たちが必ずしも不注意だからではなく、日頃しっかりと見て考え続ける妥当な行為の随伴現象として生じうるのである。

この文化的リスクが見る行為の落とし穴に潜むことを考慮すれば、観劇という知覚行為が私たちの文化にとって軽視できないものであることがおのずと理解されるだろう。劇場や映画館ほど、私たちが対象を集中して見て考える場所はほかにない。自宅のテレビやコンピューター画面でも長時間集中して見続けることはできるが、私的空間にいるため自分本位で容易に見る行為を止められる。これに対して多くの人々が一斉に集中して見る劇場・映画館では、鑑賞行為を気ままに中断するわけにはいかない。劇場・映画館は、集団が集中して見て考える場であるからこそ、見落としや見間違いが最も身近に起きることを私たちに暗示する場でもある。（それゆえに映画や演劇では、悲劇やカタストロフィーを題材とする割合が、テレビやインターネットよりも高いと言えるかもしれない。）

現代演劇でときおり観客の観劇そのものがテーマとされるのも、自分が今まさに行っている知覚行為が本当にそれでよいのだろうかと観客に問いかけるのに適した状況であるからだと言えるだろう[33]。劇場は、私たちが舞台上の出来事を集中して見ると同時に、何らかの可能性／危険性が根本的に見えなくなる場であるからこそ、この限界から出発して問題に取り組む場になりうる。

［3］演劇の政治学＝知覚の政治学

自分が見て認識し、判断することが本当にそれでよいのかという観客の自問は、「政治的なもの」[34]に対する私たちの関わり方を検討する際にも有効である。近年ヨーロッパの演劇学では、政治家というパフォーマーや政治という舞台を視野に入れてパフォーマンスの政治性を考察するだけでなく、観客《パブリック》としての公衆《パブリック》がそれをどのように見て判断するかという受容性を重視した研究が盛んに行われている。私たちは政治家や官僚でない限り、具体的な政策を提案し、法律化して施行する立場にないが、政治家や官僚、重要な政策提案者などを――メディアの報道などを通じて――注視し、その良し悪しを判断して世論を形成し、政策の決定プロセスに間接的に影響を及ぼすことができる。民主主義では本来、多数派の意見を反映する政策決定が行われるが、その意見が多くの問題をはらんでいるにもかかわらず、時流の勢いに押されて政策化される危険性を踏まえて、市民やメディアのチェック機能が認められている。[35]

しかし近年、多数決や支持率という誰にもわかる明瞭な数字に頼る政治が行われ、その政策に大きな懸念が人々から寄せられても、明瞭な数字と親和性の強いポピュリズムがその懸念を容易に押しのけてしまっている。結果として、メディアと市民による地道な「問い直し」が政治に反映されなくなったり、その試みが多くの個人に関わる切実な問題として人々のあいだに浸透しづらくなっている。民主主義は形式的に機能しているが、あくまでも（演劇的な意味でも）「見せかけ」で機能しているにすぎない。

民主主義が揺らぐということは、それが本来保障するべき個人の自由と多くの人々の平等も不安定になる[36]。多くの市民が政治をしっかりと見つめて判断することは、自由を重んじる政治文化が社会に促進・維持されるために重要な受容行為である。近年の演劇学は観客／公衆の受容の側面を重視して、観劇が示唆する政治への関わり方を「演劇の政治学は知覚の政治学[37]」であるという見地から考察している。

イギリスの演劇学者ジョー・ケラーは、ルイ・アルチュセールのブレヒト論を受けて、観客が上演後しばらくたって、自分が観劇で見て理解したことを「自分の中の探究」として捉え直すことにより、演劇における「政治が始まる」と述べている[38]。観客は舞台を見て思ったことを自分の下した評価として済ませるだけでなく、そのように判断した自分自身をもう一度問い直す。これが、観劇が示唆する政治への関わり方であり、それは間接的には、人々の政治的判断力を陶冶する。

ドイツの演劇学者ハンス＝ティース・レーマンは、「イデオロギーは本質的に自己の誤解である」と述べた上で、演劇の政治的意義は、演劇が政治的に重要なことを伝えるだけでなく、日常の出来事は政治とは無関係と思いがちな私たちの世界観に対して、観客が自らそれでよいのかという自問を立てることにあると指摘する[39]。レーマンは一例として日常における私たちの「メロドラマ的な意識」を問い直す姿勢を挙げる。私たちは日々の厄介な出来事に対して、ややもすれば通俗的な価値観だけで反応する傾向がある。それに対して演劇は何気ない日常を舞台に載せつつ、現実では思いつかない手法で日常との新たな向き合い方を観客に経験させることができる。例えば舞台上の出来事が唐突に中断したり、長い沈黙によって出来事の流れが停滞することによって、観客に違和感を抱かせる。観客がその違和感を咀嚼しない限り、それは「メロドラマ的な意識」の範囲に留まるだろう。しかし観客が違和感を感じる「自分の中の探究」を行えば、何気ない日常をそのようにしか見ない自分の世界観を問い直すことができる。観客がこの自問をさらに続ければ、どうして私たちは日常を日常としてだけ捉えて、それが政治と無関係であると思いがちになるのかという問題にも直面するだろう。この問題に対する明快な答えは容易に見つからないかもしれない。しかし少なくとも私たちは、日常はあくまでも日常にすぎないという考えは必ずしも正しいわけではないと薄々承知しているのに、それをあたかも固定観念のように持ち続ける自分（たち）の現実と直面していることに気づくであろう。観劇の経験は、これは政治的ではないと思う私たちの通念を揺るがして、私たち自身が知らずして自分を取り囲む日常と政治の関係を狭く捉える傾向に気づかせ、日々の生活への通念を幅広い視点から捉え直す契機をもたらす。

[4]自文化の「異他」

演劇は古今東西、異端や奇抜なものを積極的に舞台化してきた。例えば、家族を死に追いやるオレステス、メデイア、伊右衛門（『東海道四谷怪談』）、岩手（『奥州安達ケ原』）などは主要な古典演劇の重要な登場人物である。さらに、逆髪（能『蟬丸』）、俊徳丸（能『弱法師』、文楽・歌舞伎『摂州合邦辻』）、寺山修司／岸田理生作『身毒丸』）、フェードル（ラシーヌ作）、バール（ブレヒト作）なども特異な様相を帯びている。これらの登場人物は身内を殺したり、不条理な状況に置かれたり、禁忌破りで家族に不幸をもたらしたりする。舞台上の異端者は、観客がみずからそうなりたいと思うことがほとんどない人物であり、また、そのような人が間近にいてほしくないと思われて忌避される存在である。

にもかかわらずこれらの異端者は歴史的に何度も舞台上に登場し、一定数の人々が見ようとしてきた人物でもある。この歴史的継続性と広汎性ゆえ、これらの異端者は私たちの（演劇）文化を成している。それゆえに「異他（das Fremde）」の存在は私（たち）にとって完全な「他者（das Andere）」ではない。ヴァルデンフェルスが指摘したように、異他とは、私（たち）が自分と異なるものとして分け隔てようとすると同時に、それによって「私（たち）」のアイデンティティを成立させ、私（たち）のアイデンティティに付随して存在するものである。[40]「異端」という語が示唆するように、私たちと異なると同時に、私たちの生きる世界の「端」に居続ける。

異他の人物たちは私たちの通念・規範・禁忌を破ろうとすることで、自明性という名の文化的意識にラディカルな問いを投げかける。その例を四世鶴屋南北作『東海道四谷怪談』（初演一八二五年）の民谷伊右衛門から具体的に検討してみよう。[41]雑司ヶ谷四谷に住む浪人の伊右衛門は収入もなく生活がすさび、妻のお岩と、生まれてまもない子供をないがしろにするだけでなく、金・欲・出世に目がくらみ裕福な侍の娘お梅との結婚を企む。一方、お岩は、知り合いから体に効くと言われて飲んだ薬が毒薬だったため、顔の面体が崩れていく。伊右衛門は、姿が様変わりしたお岩を助けるどころか、愛想を尽かして、離縁へ向けた謀略を進めていく。その策略にはまるようにしてお岩は騒動に巻き込まれて、無残な死を遂げる。すると伊右衛門はその死の原因を従者の子平に押し付けようとして彼を惨殺する。極悪非道を尽くす伊右衛門は私たちにとって到底受け入れがたい異端である。

作者の南北は初演時に同作品を『仮名手本忠臣蔵』（初演一七四八年）と交互に上演させた。赤穂浪士が打ち首を覚悟してまで目上の者に忠義を尽くすことを美徳として描いた舞台と、忠義を裏切る舞台を対比させて、観客に双方を別の側面から見て考えてもらおうとした。

伊右衛門の型破りの所業は、本歌である『忠臣蔵』に肯定的に描かれる忠誠心・仇討ち・自己犠牲に対する批判と解釈できる。伊右衛門とその仲間・与茂七が無残に裏切る相手（お岩、お袖、四谷左門など）は、史実でも本歌作品でも町人に人気のあった赤穂浪士（『忠臣蔵』では「大星由良助」や「塩冶浪人」など）の仲間に相当する人物たちである。彼らは無念の死を遂げた身内や仲間に忠実で、敵方への仇討ちを企んでいるが、社会が貧困化し、自分たちの生活そのものが成り立たなくなり、お岩の妹お袖は身を売るほどの貧困に苦しむ。同様に赤穂浪士の後裔でもある伊右衛門は、自分たちの生活基盤が崩れた状況でも先代の仇討ちを実行に移すことに無意味さを感じて、忠誠や自己犠牲と正反対である自分本位の欲望を剥き出しにして生きる。その身勝手でグロテスクな生き様は今日の観客から見ても異様である一方、義理・忠誠心に対する彼の不信感は、明治初期に福沢諭吉が赤穂浪士の仇討ちと自己犠牲を「前近代的」で「無意味」と断じて、人々の心に根付いた封建的な忠誠心を刷新しようとした試みに通じるところがある[42]。伊右衛門のエゴ剥き出しの生き方は、一八二五年という初演当時の江戸文化が内側から崩壊しつつある状況を示すだけでなく、時代遅れとなりつつあった通念をラディカルに問い直した点において、個人が自己の欲望と自主性から出発して生きることをよしとする後世の近代的精神の先触れでもある。

伊右衛門の異端ぶりが封建主義的文化の衰退を暗示するように、舞台上の異他的な人物や出来事は、自文化に潜む異様さを示唆する。異他なるもの(das Fremde)は、「私」自身に直接当てはまるわけではないが、「私たち」の社会のどこかにある異質な何かと呼応していることを観客に示唆することで、自文化への問い直しを促す。演劇学者ギュンター・ヘーグが指摘するように、演劇における異他の経験は、異文化の異様さを反映するというよりも、自文化に潜在する異質なものとの遭遇であり、自分たちの文化的意識と価値観を揺るがす経験である[43]。自分(たち)の価値観が激しく揺さぶられる経験は、多くの人の望むところではないだろう。従って真に異他なるものは決して文化の中心を成すことはない[44]。しかし歌舞伎が河原乞食の芝居として町の周縁に張り付くようにして存続したように、挑戦的な演劇は端にありながら、規範や通念といった主流の価値観を強く問いただす。それはときに私たちにとって忌避したいものであるが、その問いかけは、所詮、演劇の虚構体験である。虚構を前提にした遊戯的経験だからこそ、舞台上の異端との遭遇によって、私たちは自分の通念や価値観を大胆に省みることができる。

五　各章について

本書では、各章の担当者がこれまで述べてきた文化への問いかけとその意義を共有しつつ、国内外の演劇や文学作品を具体例として考察し、独自の問題提起から見えてくる新たな地平を文化の可能性として提案する。

第一章では、日欧の演劇の俳優術を専門とする寺尾恵仁が、国内外の演劇界で長年にわたり活動する鈴木忠志の舞台作品を取り上げる。一九八〇年代以降ヨーロッパやアジア、日本の俳優たちとの競演によってシェイクスピアなどの作品を舞台化してきた鈴木の演劇は、各演劇文化の特色を活かした相互文化交流の典型とみなされている。しかし数少ない事例ではあるが、本来高い演技力を誇る外国の俳優たちが、日本語の台詞をたどたどしく語り続ける演出も見受けられる。二〇〇九年に利賀村の演劇祭で上演された『廃車長屋のカチカチ山』では、母語であれば巧みな台詞廻しで観客を魅了する俳優たちが、不慣れな日本語を無理にしゃべらされているようにみえた。このような巧緻と稚拙のギャップは何を示唆するのか。寺尾は論考「異物としての演劇言語」において、この問いを異なる言語文化間の関係性だけでなく、日本文化と鈴木演劇にまつわる内在的な問題として考察する。

第二章では、戦後のドイツ社会でタブーとみなされ、長らく出版禁止の対象となったヒトラーの

『我が闘争』が、一九九〇年代に喜劇調の朗読パフォーマンスで観客に公開された事例を取り上げる。トルコ系移民のカバレティスト、俳優、政治活動家セルダー・ソムンジュは、ドイツ社会でタブー視される同書を観客に朗読するパフォーマンスを十数年にわたり行った。ソムンジュは、この書に記される忌々しき政治的・文化的主張と呆れるほどの無根拠な内容をときに大袈裟に、ときにコメントを交えながら読み上げると、観客は彼の巧みな話術につられて何度も笑う。ヨーロッパの周辺諸国、ユダヤ人、シンティ・ロマの人々などに多大な被害をもたらしたヒトラーの檄文を笑いの朗読パフォーマンスにしたことで、ソムンジュは殺害予告の脅迫を受けた。ソムンジュは移民差別反対の活動を主導するほどに政治的に意識の高いアーティストであるが、そのような彼がなぜドイツで最もタブー視される『我が闘争』を喜劇的な語り口で笑いの対象に変えたのか。ヒトラーの思想を笑ってもらうことで、ソムンジュは観客に何を期待したのか。ドイツの移民文学を専門とする栗田くり菜が論考「喜劇の文化戦略」において、これらの問いに取り組み、ナチスには批判的である一方、ドイツ社会に根付いて久しい移民への差別を等閑視する人々の「見方」や「考え方」に潜む問題を浮き彫りにする。

第三章は、二〇〇五年前後からヨーロッパの劇場に活動を広げ、さらにアジアとの共同制作も手掛ける劇作家・演出家の岡田利規の作品を例とする。岡田は、日本と韓国の俳優を韓国人役と日本人役にキアスムのように入れ替えて登場人物化させた『God Bless Baseball』(二〇一五年)で、戦後の日本と韓国社会に共通する文化・政治風土を浮かび上がらせた。それは、双方の国で多数の人々が自明と考えてきたアメリカ流の野球文化と、核の傘下という安全保障である。戦後の日韓社会には——両国に共通する問題として——戦後の野球文化と安全保障を自明のごとく信じようとする戦後世代と、その自明が本当は虚構に過ぎないと思う若い世代とのあいだに温度差がある。演劇とリズムの関係を探究する三宅舞は論考「『もうひとつのフィクション』のすすめ」において、この温度差をめぐる人々の複雑な思いとすれ違いが、緩急のリズムによって「普通」の演技から逸脱していく俳優の身振りを通じて観客に示唆されることを指摘する。そのような逸脱のリズムには、虚構と紙一重の「現実」を自明とみなす戦後世代の世界観を問い直す「もう一つのフィクション」の効果があるとみなされる。

第四章は、舞踏を舞踊文化として捉えることの問題に取り組む。一九六〇年代から一九八〇年代にかけて土方巽と大野一雄が創始者となって広まった「暗黒舞踏」は独特の身振りと様式ゆえ国内外で広く知られ、現在は舞踊ジャンルとして確立している。二〇世紀舞踊の歴史的遺産とみなされつつある舞踏のラディカルな踊りと様式に、現在のコンテンポラリーダンス界がどのような可能性を引き出すことができるかという問いは、芸術的だけでなく、文化的なものでもある。舞踊研究の宮下寛司は論考「舞踏文化を動かすには」において、この問いが示唆される川口隆夫と田辺知美の『ザ・シック・ダンサー』(二〇一二年)を考察対象とする。この上演では、土方巽の自伝的舞踏論『病める舞姫』(一九七八/八三年)に描かれる身体的な状況が二人の舞踊家によって再現されるようにみえるが、実際には別の企図が試みられている。川口が舞踏文化へ入り込みながらもそれが不可能となってしまう身振りを示すことで、舞踏が舞踏として観客に承認されるプロセスを示唆する。宮下はこのプロセスを辿りつつ、舞踏を歴史化された文化とみなす問題のありかを探る。

第五章で取り上げられるドイツの劇作家ハイナー・ミュラーは、一九七〇年代後半から、戯曲の基本である場面構成を解体し、場面として成り立たないような状況に置かれた人物と事象を描く演劇テクストを発表した。これらの脱構築的なテクストは、場面と、そこに展開される登場人物の対話や劇的な出来事という近代西洋の劇の基本構造に強い疑義を投げかけて、従来と異なる演劇表現の可能性を模索した。この疑義の意味は何であるか。また従来と異なる演劇表現の可能性にはどんなものがあるのか。ミュラーの演劇テクストが示唆するこれらの問いについて、演劇と風景論を専門とする石見舟が論考「〈今ここ〉からずれる風景」において考察し、ミュラーの戯曲『ハムレットマシーン』に示唆される場面から風景への転換とその意義を読み解く。

第六章は、日本語とドイツ語を巧みに操り、小説・戯曲・詩などを発表してきた多和田葉子の詩「Die 逃走 des 月 s」を考察対象とする。表題が暗示するように、日本語とドイツ語を混交させて書かれたこの詩は、日本語とドイツ語の知識がないと読めないし、その読みを前提とした「詩的解釈」もほとんど不可能である。同時にまた、両方の言語に精通する読者がそれを読み、解釈しても、異なる言語で書かれた詩に特有の相互文化的な文学解釈が容易にできるわけでもないことがわかる。むしろこの詩は、相互文化的な詩的解釈とは異なる何かを自文化の「異他なるもの」として示唆し、言語文化の境界線上で詩を読むことの実態を読者に経験・省察させようとする。この示唆と促しについて、多和田葉子の専門家・谷本知沙が論考「多和田葉子の『越境』」において考察する。

第七章で取り上げられる作品は、スイス出身の演出家クリストフ・マルターラーの歌唱パフォーマンス《美しき水車小屋の娘》(二〇〇一年)である。シューベルトの作曲とミュラーの詩によるこのリート集は、粉挽き職人が水車小屋の娘に恋心を抱きつつも、その思いを告げられないうちに、狩人が突如現れて娘を奪い去る経過と末路を物語る。マルターラーの演出では、職人、娘、狩人は複数の俳優やテノールとメゾソプラノの歌手によって演じられ、リートに描かれる登場人物の思いが合唱形式とソロによって披露される。その際、職人を演じる男性俳優たちは歌えば歌うほど内向的になり、内に引きこもってしまう。マルターラーの演出は、粉挽き職人よりも、彼が恋する女性の立場がお座なりにされることを中心に据えることで、ドイツ・リートのロマンチシズムに潜む男性寄りの視点に疑義を投げかける。一方リートの歌唱と合唱は魅力的で多くの観客を惹きつけており、歌が醸し出す独特の共同体を観客に誘うようにみえる。ジェンダー論を踏まえて再構築を迫られるドイツ・リートの共同体にはどんな意義があるのか。演劇と声の関係を専門とする針貝真理子が論考「鋳割れる憧憬」においてこの問いに取り組む。

終章となる第八章は、オペラ文化を問い直す現代オペラの挑戦的試みを考察する。ドイツ出身の演出家・映画監督クリストフ・シュリンゲンジーフは、ワーグナーのオペラを演出した際、作品と無関係と思える外国人・障害者などの登場人物や、映画のモチーフなどを舞台に盛り込んだ。またシュリンゲンジーフは晩年、アフリカのブルキナ・ファッソにオペラ施設を作り、芸術・教育センターを実現する社会・芸術プロジェクトに取り組んだ。外国人、障害者、アフリカ・南米の人々とそれらの文化をワーグナーの総合芸術作品に巻き込む彼の試みは、相互文化交流を折衷主義的に推し進めただけの実践にすぎないようにみえる。オペラ演出を研究する北川千香子は論考「越境のオペラ——オペラの越境」において、この批判の妥当性を認めつつ、その先にあるシュリンゲンジーフの文化的な問いかけを浮き彫りにする。シュリンゲンジーフは異文化的で異他的なものをオペラの舞台に持ち込むことで、ヨーロッパのオペラ文化そのものが異質であることを示唆すると同時に、その異質さを克服するためにカオス的な混乱とエネルギーを舞台前面に押し出し、多様な現代社会に相応しい民衆オペラを実現しようとした。病ゆえ五〇歳で仆れたシュリンゲンジーフの大胆なオペラ・プロジェクトは、それが未完に終わったために、オペラの斬新な可能性を見出したい人々にとって魅力的かつ挑発的な課題であり続ける。

ドイツの文学者・思想家ヨーゼフ・フォーグルが指摘したように、メディア社会の「情報は〔私たちに〕返事をひたすら要求し、問いと答えとのあいだの距離を狭めたり、無効にしたりする」(45)。私たちは日々Eメールで応答を求められる一方、ネットショッピングで注文後、すぐに商品が手元に届くという対応を期待している。私たちは、問いにすぐに答えなくてはいけないプレッシャーを受けながら、相手に対しても素早い応答を期待することで、相手にプレッシャーをかけてしまっている。

自分にも相手にもプレッシャーをかけ合う現代の状況が、私たちをいっそう生きづらくさせているのは想像に難くないだろう。他人からの連絡に早めの回答が求められるのが当たり前になった昨今、私たちは、misinformation、disinformation と呼ばれるミスリードを招く情報や、早合点して歪められた誤報を信じて、更なる誤謬の情報をＳＮＳに拡散しうることも想像できるであろう。いずれの場合も、私たちが「問いと答えとのあいだの距離」を重視して、適切に活かせば、相互のプレッシャーを回避しやすくなるであろうし、錯綜する情報の洪水のなかで、信頼できるものを見定めやすくなるであろう。

この距離を十分に確保するためにも、私たちは日々の生活に残された自由な領域において、あえてすぐに答えを出すことなく、あれこれと問い続ける実践を行うべきであろう。それは、問題に対して答えを求めないということではない。むしろそれは、現時点で考えつく答えを――それが複数あるとしても――本当にそれだけなのか、物事を違った角度からみれば、かなり異なる答えも可能性としてあるのではないかと熟考して、問い直す試みである。その結果、問いのなかには、あえて答えを決めずに様子を見ることにしたほうがよいのではないか、という場合もありうる。情報が錯綜し、先が見通し難い状況だからこそ、今の段階で明白な答えを決めて、その答えに沿って物事を進めることをあえて控えたほうが賢明な場合もあるだろう。

芸術作品の問いかけについてあれこれと考えをめぐらす意義は、ここにも見出すことができる。芸術が提示する世界は虚構であるが、だからこそ、それが示唆する問いについて、私たちは現実の問題に直面するときよりもオープンに、多角度からじっくりと考えることができる。そうすることで、問いと答えとのあいだを広げるだけでなく、問いに対する複数の見方や考え方を持ち込んで、あいだに複層的な幅を持たせることができる。この複層的な幅こそ、すぐに回答を求められて先を急ぎがちな私たちに、その答えだけでよいのかという大切な留保をもたらすだけなく——複層的ゆえに——問題への多様な回答の可能性を提示してくれる。この複層的な答えは、現実の問題に対する直接の解決策とならないかもしれない。しかし現状も将来像も非常に見通しがたくなってきた昨今、私たちは複層的な応答の可能性を自分のなかに備えておくことで、いずれやって来る予想だにしなかった状況に対しても冷静かつ適切に応答しやすくなるであろう。

芸術の問いについてあれこれと考えることは無駄な試みではない。それは、現状と将来が見通しがたいときに、あえて回り道をするようにして、不確実な状況に確実に備えるための未来志向の企図なのである。

註

（1）新自由主義経済の「自由」と個々人の自由が矛盾するのは確かである。両者は自由の点で共通するようにみえるが、前者の自由は見せかけの側面が多分にある。新自由主義の自由は、半ばアプリオリに設定された市場経済の活動のコンテクストにおいて意味を成す自由にすぎない。新自由主義の信奉者の多くは、市場経済の枠の外側で活動することで、収入が少なくなり、不自由な生活を強いられる芸術家などの「自由」な活動を保障することはほとんどない。新自由主義の言う自由は、人間が本来自由であるべきだという発想の自由論ではないのである。これに対してヨハン・ゴットリープ・フィヒテやジョン・スチュアート・ミルの自由論は、自由は資本や社会の仕組みなどのなかにあるものという立場から出発しない。自由はあくまで、まず個人に備わり、個人はそれをどこまでも追及できる可能性があることを出発点とする。これを起点にして、個人の自由がどこで制限されるべきであるのかが議論される。例えばミルは、個人は自分の自由をラディカルに追及できるが、他の個人の自由を著しく阻むことはしないという前提のもとに追求されるべきであると主張した。このような「伝統的」な自由論の主張に鑑みれば、新自由主義の「自由」はこの論の伝統に即しておらず、かなり特殊な自由とみなすべきである。ジョン・スチュアート・ミルの自由については『自由論』斉藤悦則訳、光文社、二〇一二年、三一、三五—三七頁。新自由主義の自由と異なるフィヒテの自由論については Hegemann, Carl: Freiheit ist, grundlos etwas zu tun. Über die Zukunft eines Begriffs, in: Menke, Christoph / Rebentisch, Juliane (eds.): *Kreation und Depression. Freiheit im gegenwärtigen Kapitalismus*, Berlin: Kadmos 2012, pp.82-3.

(2) 企画を巡り主催者側が自主規制の問題を抱えた事例として、ニューヨークのメトロポリタン美術館の絵画(猥褻性)、オンタリオのアートギャラリーの説明(植民地問題と差別)、ブレーメンのクンストハレ美術館の絵画タイトルの表示(人種問題と植民地問題)が抗議を受け、展示と表示の一部変更を行った。これらの経緯については Rauterberg, Hanno: *Wie frei ist die Kunst? Der neue Kulturkampf und die Krise des Liberalismus*, Berlin: Suhrkamp 2018, pp.52-3, 65, 67.

(3) インターネット空間で行われる美術展などへの抗議が活字メディアよりも多くの人々の関心を踏まえているようにみえるため、より広い公共性を担保しているように思えるが、そこで展開される議論はむしろ狭まりやすいのが実情である。抗議者は大胆な芸術表現などによって自分の気持ちが傷つけられたと考え、彼らが考える「善良」で「弱者」の側につこうとする一方、芸術表現に対してそのような感情以外の受け止め方にも自由があることを許容せず、芸術作品への開かれた議論と対話への姿勢を示さない傾向がある。この傾向が強まると、芸術作品の公開が人々に果たす本来の役割、すなわち、作品鑑賞を経て人々に幅広い議論の空間をもたらし、その開かれた言論空間のなかで作品の価値を定めていくという公共の自由な議論が行われづらくなる。この点については Ibid. p.99, 106.

(4) 企画展「表現の不自由展・その後」が開催期間中の最初と最後を除いて中止状態に追い込まれた経緯と諸問題については岡本有佳/アライ=ヒロユキ編『あいちトリエンナーレ「展示中止」事件——表現の不自由と日本』岩波書店、二〇一九年。

(5) この男性像は、オリヴァー・マーヒャルトが「給料を家に持ってこられる〈まともな男性〉」を例にして述べたアイデンティティ論に基づいている。一般的に、男性のアイデンティティはこの外的条件に支えられているが、これ自体は本人にほとんど意識されない。これが当の男性に意識化されるとしたら、それは例えば失業したときであり、本人に「アイデンティティの危機」として経験される。Marchart, Oliver: *Cultural Studies*, Konstanz: UTB 2008, p.14.

(6) Jullien, François: *Es gibt keine kulturelle Identität. Wir verteidigen die Ressourcen einer Kultur*, translated from the French by Erwin Landrichter, Berlin: Suhrkamp 2017.

(7) トランプの移民排斥の問題については多くの分析があるので、ここでは移民排斥とそれを支持する人々の精神構造を、演劇を視野に入れつつ、アメリカのナショナル・アイデンティティの一つ「ホームランド」の視点から考察した論を挙げる。岡本太助「パフォーマンスによるボーダーランドの再地図化——アメリカン・ホームランドの辺境における観測」小谷耕二編『ホームランドの政治学——アメリカ文学における帰属と越境』開文社、二〇一九年、一一—一六頁。

(8) 吉川真司『飛鳥の都』岩波書店、二〇一一年、二七—二八頁。大山誠一『聖徳太子と日本人——天皇制とともに生まれた〈聖徳太子〉像』角川書店、二〇一四年、九八—九九頁。

(9) この代表的な研究として『創られた伝統』が挙げられる。この書は、現代イギリス人が国と王室について長い伝統があると思うもののなかに、一九世紀から二〇世紀にかけての政治的背景から「正当」と喧伝されたり、作為的に始まったものがあることを多角度から論じている。エリック・ホブズボウム「序論——伝統は創り出される」、ホブズボウム他編著『創られた伝統』前川啓治／梶原景昭他訳、紀伊國屋書店、一九九二年、九—二八頁。

(10) Winkler, Alexander: „Aus dem Schatten des Nationalsozialismus...“. Die ‚Identitären' als modernisierte Form des Rechtsextremismus in Österreich, in: Goetz, Judith et al. (eds.): *Untergangster des Abendlandes. Ideologie und Rezeption der rechtsextremen ‚Identitären'*, 2nd edition, Hamburg: Marta Press 2018, p.59, 67.

(11) Ibid., p.36, 59.

(12) ジークムント・フロイト「文化への不満」、『幻想の未来／文化への不満』中山元訳、光文社、二〇〇七年、二八二—二八三頁。

(13) 赤坂憲雄『東西／南北考——いくつもの日本へ——』岩波書店、二〇〇〇年、四三—五〇頁、一三〇—一三二頁。

(14) 同書、一九八頁。

(15) Waldenfels, Bernhard: *Grundmotive einer Phänomenologie des Fremden*, Frankfurt a.M.: Suhrkamp 2006, p.119.

(16) Ibid., p.120.

(17) Ibid., pp.120-1.

(18) ここでは国内外の代表的な文献を二つ挙げる。スチュアート・ホール／ポール・ドゥ・ゲイ編著『カルチュラル・アイデンティティの諸問題』宇波彰監訳、大村書店、二〇〇一年、吉見俊哉『カルチュラル・ターン――文化の政治学へ』人文書院、二〇〇三年。

（19） Marchart: *Cultural Studies*, pp.33-5.

（20） 女性の社会進出の難しさが文化・権力・アイデンティティの相互連関において助長されることについて、マーヒャルトが指摘している。Ibid., p.35.

（21） 哲学者ユリアーネ・レベンティッシュが指摘するように、芸術経験は作品と鑑賞者個人との主観的関係を出発点とする。この主観性は鑑賞者一人ひとりの自由な姿勢を前提とする。ただしその自由は何でもありの自由ではない。鑑賞者の個人的自由は、ある作品と向き合う自分の経験を前提とした上で多様に解釈し判断する自由である。Rebentisch, Juliane: *Ästhetik der Installation*, Frankfurt a.M.: Suhrkamp 2003, p.72.

（22） 作品と鑑賞者が双方向的に意思疎通する形式の芸術があるにもかかわらず、芸術経験は基本的に、作品が何かを表現し、鑑賞者がそれを受容するために、作品と鑑賞者の「不均衡な関係」から成り立つ。この不均衡ゆえに鑑賞者は作品との主観的な関係性を多様に自省することができる点については ibid., pp.70-1.

（23） 文化的な実践行為の意味や効果は、それが行われる文脈に応じて異なる。そのような意味や効果はまた、文化的実践行為がどの文脈をどのように用いるかによっても異なってくる。文化的な実践行為の意味は決して固定的ではなく、文脈とその捉え方によって変わってくる。このように文化の意味づけは文脈に大きく左右されている。Marchart: *Cultural Studies*, p.39.

（24） 註21を参照。

（25） 二〇世紀前半の歴史的アヴァンギャルド芸術の担い手が現実と芸術の境界を克服しようとした活動を行い、それが――たとえ実現しなくても――広く認められるようになって以来、演劇は観客に「日常から完全に離れ」てもらうだけでは芸術的役割を果たしていると言えなくなった。この経緯について演劇学のエリカ・フィッシャー＝リヒテが演出家マックス・ラインハルトの活動における芸術と娯楽の二面性を例に説明している。Fischer-Lichte, Erika: *Kurze Geschichte des deutschen Theaters*, 2nd edition, Tübingen / Basel: A. Francke 1999, pp.275-6.

（26） Lehmann, Hans-Thies: Ästhetik des Risikos. Notizen über Theater und Tabu, in: *Das Politische Schreiben. Essays zu Theatertexten*, 2nd rev. edition, Berlin: Theater der Zeit 2012, pp.103-4.

（27） Soeffner, Hans-Georg: Die Wirklichkeit der Theatralität, in: Fischer-Lichte, Erika et al. (eds.): *Theatralität als Modell in den*

Kulturwissenschaften, Tübingen / Basel: A.Francke 2004, p.237.

(28) 内気で気が弱そうにみえる男がウェブで匿名を語って激しい攻撃性を他人に向ける事例について、大澤真幸がメディア社会に顕著な人間像の特徴から説明している。大澤真幸『不可能性の時代』、岩波書店、二〇〇八年、一八二―一八三頁。

(29) 遠近法と人間の知覚の「ずれ」の関連については平田栄一朗「メディアとしての受容身体――主体のずれた(自己)認識と取り残された身体について」、宇沢美子他編著『メディアとしての身体』(仮題)新曜社、二〇一一年度出版予定。

(30) Haß, Ulrike: *Das Drama des Sehens. Auge, Blick und Bühnenform*, München: Wilhelm Fink 2005, pp.76-7, 105-6, 110-1.

(31) Heeg, Günther: *Das Phantasma der natürlichen Gestalt. Körper, Sprache und Bild im Theater des 18. Jahrhunderts*, Frankfurt a.M. / Basel: Stroemfeld / Nexus 2000, pp.37-78, 158-9.

(32) 一例として、シラー作『群盗』の人物像が「深み」よりも「平板な広がり」に特徴があることを指摘した論を挙げる。Lehmann, Hans-Thies: Die Räuberbrüder, die Meute, das Subjekt. Schiller postdramatisch besehen, in: Gutjahr, Ortrud (ed.): *Die Räuber von Friedrich Schiller. Brüderbande und Räuberchor in Nicolas Stemanns Inszenierung am Thalia Theater Hamburg*, Würzburg: Königshausen & Neumann 2009, pp.79-81.

(33) 「電子映像は視覚可能なものを自由に駆使できるという幻想を植えつけるのだが、演劇における表現の剥奪は、見るという行為がその幻想にだまされないように配慮するのだ。」ハンス＝ティース・レーマン『ポストドラマ演劇』谷川道子他訳、同学社、二〇〇二年、三一三頁。

(34) 近年の政治思想において、「政治的なもの(the political)」という概念が狭義の「政治(politics)」よりも広い意味合いを含んでおり、「私」が社会のなかでどのように生きるか、その社会がどうあるべきなのかという問いに関わることは広く了解されている。ヨーロッパの演劇学においても「政治的なもの」と演劇との関連が盛んに考察されている。Müller-Schöll, Nikolaus et al. (eds.): *Performing Politics. Politisch Kunst machen nach dem 20. Jahrhundert*, Berlin: Theater der Zeit 2012.

(35) 例えば文部省が学校の教科書として一九四七・八年に刊行した『民主主義』には、民主主義の政治は「多数決原理」に基づきながらも、「多数決に誤りがありうることを、最初から勘定に入れて」おき、「少数の人々の進んだ意見」や「正しい少数の意見に耳」を傾けるべきだと指摘されている。「多数の意見だからとその方が常に少数の意見より正しいとは、けっして言えない」例として二つの歴史的事象が挙げられている。一つは、コペルニクスやガリレオなどの少数派の地動説は、提唱された当時、多数の人々に支持されなかったこと、もう一つは、高度な民主主義制度を採用したワイマール時代のドイツで、少数派だったナチス党が国民に徐々に支持されていき、一九三三年の総選挙で国会の第一党となり、ヒトラーが国会の多数決を利用して政府が立法権を握り、民主制度を事実上無効にしたことである。文部省著『民主主義』、角川ソフィア文庫、二〇一八年、一一二―一一三頁。

（36）民主主義の基本が個人の自由と多くの人々の平等を両立させることにある点についてはケルゼン、ハンス『民主主義の本質と価値』（原著一九二九年）、長尾龍一他訳、岩波書店、二〇一五年、一六頁。

（37）レーマン『ポストドラマ演劇』、三四一頁。

（38）Kelleher, Joe: *Theatre & Politics*, London: Palgrave Macmillan 2009, p.19.

（39）Lehmann, Hans-Thies: A Future for Tragedy? Remarks on the Political and the Postdramatic, in: Jürs-Munby, Karen et al. (eds.): *Postdramatic Theatre and the Political. International Perspectives on Contemporary Performance*, London / New York: Bloomsbury 2013, pp.108-9.

（40）Waldenfels: *Grundmotive einer Phänomenologie des Fremden*, pp.20-1.

（41）『東海道四谷怪談』の作品と当時の時代については廣末保『四谷怪談――悪意と笑い――』岩波書店、一九八四年。

（42）福沢諭吉『学問のすゝめ』（一八七二―七六年）岩波書店、二〇〇八年、六六―六八頁、一一九―一二〇頁。

（43）「越境文化演劇は異他の経験を起点とする。異他との出会いは、外国やエキゾチックな文化においてではなく、私たちが自文化と思っている内側においてである」。Heeg, Günther: Das transkulturelle Theater. Grenzüberschreitungen der Theaterwissenschaft in Zeiten der Globalisierung, in: Baumbach, Gerda et al. (eds.): *Momentaufnahme Theaterwissenschaft. Leipziger Vorlesungen*, Berlin: Theater der Zeit 2014, p.154.

（44）ヴァルデンフェルスが指摘したように、真に異他なるものは自文化の中心になることはない。「ラディカルな異他性」は自文化の周縁に置かれて、異質なままであり続ける。ヴァルデンフェルスの「異質」・「異端」論は、丸山眞男が一九六〇年代に日本文化論に関して指摘した内容に通じる。『日本の思想』（一九六一年）において丸山は、日本文化を「雑種文化」と規定して一国文化の多様性を強調した加藤周一の文化論に「大方」「賛同」しつつも、雑種に「異質的」なものや「異端」が「交」わる実情を重視すべきだと補足した。雑種文化には、雑種の多様性に対してすら緊張関係となる異質で異他的なものが含まれると認めることで、日本文化論が緊張感のあるものになり、結果として同論が偏ったイデオロギーに取り込まれないようになる意義を示唆した。丸山眞男『日本の思想』（初版一九六一年）岩波書店、二〇一五年、一六九―七一頁。さらに丸山は同様の警鐘を異端の議論にも向けて鳴らしている。一九八一年に行われた講演「原型・古層・執拗低音」において丸山は、異端の特徴をしっかりと議論することなく、「異端好み」の傾向を伝統的な日本文化とみなすとすれば、それは異端の異質性を薄めて自文化に統合しただけであり、異端に備わる特徴を削いでいるという問題を示唆した。丸山眞男「原型・古層・執拗低音――日本思想史方法論についての私の歩み――」、武田清子他編著『日本文化のかくれた形』岩波書店、二〇〇四年、一四九―一五〇頁。

(45) Vogl, Joseph: *Über das Zaudern*, Zürich / Berlin: diaphanes 2008, p.110.

第一部　演技・演出の妙

第一章　異物としての演劇言語――演出家・鈴木忠志の国際共同制作

寺尾恵仁

一　突破口としての他言語

一九六〇年代の日本には、同時代の歴史的・社会的状況を背景に、新劇と呼ばれる日本の近代演劇[1]を戯曲、演技、演出、劇場構造、組織等あらゆる方面から克服しようとした種々の演劇実践が見られた。[2]「アンダーグラウンド演劇」という人口に膾炙した通称が示す通り、当初それらの多くにおいて、大都市に特有の若者のカウンターカルチャーという性格を見出すことができる。すなわち合理的な因果関係に基づく人間像の再現という新劇の原理に抵抗して、グロテスクで不条理な人間観・世界観を、テントやカフェの二階や地下倉庫といった小空間で至近の観客に対して呈示するといった性格である。しかし、一九七〇年代に入ると彼らの実践の多くは質的にも量的にも変化を見せる。それは一つには、既存の規範・原理に対する批判というあり方が次第に行き詰まり、独自の創造的な表現形式を確立する必要に迫られたからである。またもう一つには、複数の劇団が海外公演を契機として国際的な評価を受け、より広範な活動の場を獲得したという事実が挙げられる。

多くの集団がこの時期、他言語との取り組みによって新たな創造性を獲得しようと試みている。例えば寺山修司は最も早く、一九六九年にアメリカで、一九七一年にドイツで現地の俳優とワークショップを行い、自身の俳優理論に基づき街頭パフォーマンスを実施した(3)。唐十郎は一九七二年から一九七四年にかけて、韓国、バングラデシュ、レバノンおよびシリアのパレスチナ難民キャンプで、俳優に即席で習得させた現地語によるテント公演を敢行した(4)。鈴木忠志は一九八〇年代前半、アメリカおよびオーストラリアで自身の俳優訓練を現地の俳優に教授する機会を得、それらは一九八四年日豪二か国版『バッコスの信女』、オペラ『リアの物語』などの上演として結実する。瓜生良介は、一九八三〜八四年に韓国の劇場と共同で演劇祭を開催し、その中で韓国人俳優との共同作業を複数回行っている。

これらの例において、舞台上の俳優が自分の理解できない言語で演じるという状況は、集団の主宰者たる演出家にとって不安を抱かせる経験であったに違いない。現在でこそ国際的な共同制作は珍しくなくなったが、一九七〇年代において、ほとんどの演劇人にとって、外国人俳優あるいは外国語での上演は未経験のものであった。何故なら、それまで日本の近代演劇の規範であった新劇において、言語は作家および演出家の理念を観客に伝達するための記号であり、舞台上で発せられる言語が理解できないという状況は想定外の事態であったからだ。もちろん当時の観客も、海外の劇団の公演を見る機会はあった。[5] しかし、それらはあくまで、〈外国の演劇〉という客体化・距離化された枠組みの中でのみ受容される〈他者の文化〉であった。それに対して新劇は、西洋の演劇文化を、日本人に分かるように翻案・翻訳する作業と共に成立発展してきたという歴史的背景もあり、少なくとも言語的・文化的に理解不能なものであるはずがない、そうであってはならないという暗黙の了解が存在していた。[6] これは言語だけの問題ではなく、舞台上で起こる出来事、発せられる言葉、表象される人間像は、現実にありうべき世界を矛盾なく、理解可能なように表象しなければならないとされた。[7] すなわちそれは、新劇における演劇表現と現実世界との一対一の対応関係に基づく、再現・表象の原理という事ができる。

それに対して、一九六〇年代の多くの演劇人は、言語そのものの持つ決定不可能性や両義性に着目した。[8] それは劇作の領域では、別役実の不条理演劇や唐十郎の詩的言語、寺山修司の寓意劇などに見出す事ができる。彼らの劇作は、意味内容の伝達という記号的な領域を離れ、反復、中断、引用、連想、言葉遊び、コラージュなどの手法によって、新劇における再現・表象の原理を解体し、新たな演劇言語の創造に貢献した。そして演出の領域では、とりわけ鈴木忠志が、語る身体と語られる意味内容の差異化という手法によって、パフォーマンスの時空間を多層化し、言語と身体との関係を鋭く問い直した。しかもそれは、単に言葉と身体を分離したと言うにとどまらず、新劇において隠蔽され、忘却されていた様式的・人工的身体性による語りの力の復権として捉えられる(9)。一九六〇年代の演劇において多かれ少なかれ共有された俳優像は、日常的現実を模倣し、文学作品に描かれた人間像を身体化するのではなく、不自然でグロテスクでいかがわしい異形の存在であると共に、人間存在の根源的な矛盾や不条理を強く感じさせるような存在でもある。こうした俳優像において発せられる言語は、日常的言語の模倣としての発語ではなく、通常問いに付される事のない言語の理解不可能性や伝達不可能性、つまり言語そのものが人間存在にとって異物である事を強く印象付ける。

このような、異形の存在である俳優が発する異物としての言葉というあり方を表現の基礎に位置付けた一九六〇年代の演劇人達が、外国籍の俳優との共同作業あるいは外国語上演という形によって、新たな表現の段階へと移行しようと試みたのはある意味で必然であったかもしれない。彼らは、他言語・異文化との交流によって、都市部の若者のカウンターカルチャーという限定された文化的・芸術的フェーズを越え、国際的な芸術的価値を獲得しようとした。その意味で一九七〇年代から八〇年代とは、「アングラ」として出発した一九六〇年代の演劇がインターカルチュラリティへの参入を試みた時期だと言える。

ただし、そうした試行錯誤は、海外の芸術マーケットにおいて〈日本的な〉表現がエキゾチシズムとしてもてはやされ(10)、その結果として作り手も〈日本的な〉表現を強調するようになるというナショナリティの問題を生み出す事になった。実際に多くの演劇人が、海外の芸術マーケットへの参入をきっかけとして、理論・実践の両面において日本の前近代への指向を強めていく。たとえば鈴木忠志が能へ関心を向けるのは、鈴木演出『劇的なるものをめぐってⅡ』がパリの演劇祭に参加した際に、同じ演劇祭に招聘された観世寿夫の能を初めて間近で見たり、またグロトフスキと能についての対話を交わしたりした一九七〇年前後を契機とする。元来モダニストであった寺山修司が『犬神』『邪宗門』『身毒丸』といった、日本の土着的共同体や迷信、伝統的風俗を主題とした作品群を制作するのは、やはり一九七〇年前後以降のことである。多くの同世代の演劇人が、表現理論の構築に際して民俗学を参照し、また表現実践の構築に際しては歌舞伎や能からインスピレーションを得た。これらは、(意識的にせよ無意識的にせよ)近代批判の文脈において「日本的」というレッテルを利用するという、エキゾチシズムの発露ともいえるのである。

二　多言語演劇の問題性

前節で述べたようなナショナリティをめぐる問題において、インターカルチュラリティによってエキゾチシズムを乗り越え、高い芸術的成果を挙げる事例も存在する。その一つの典型は、舞台上で複数の言語が発されるというものである。二〇〇九年に富山・利賀村および東京・吉祥寺で上演された鈴木忠志演出『リア王』では、日本・ドイツ・アメリカ・韓国の俳優が出演し、四か国語が舞台上で発せられた。それ以前にも、鈴木は『リア王』を日本、ロシア、オーストラリア、アメリカ等で演出しており、他の鈴木演出に比べても『リア王』の多国籍性は極めて顕著である。そこには当然ながら『リア王』がシェイクスピアの代表的な悲劇作品であり、特に西洋社会で広く知られているという事情がある。しかしそれだけではなく、王国の分裂、政略結婚、陰謀と侵略戦争といった政治的モチーフと、遺産相続、父と子の不和と許し、不倫といった私的なモチーフの双方が、他言語あるいは多言語での上演によって効果的に表現されるという美的判断が働いているはずである。上記の四か国語版では、リア王はドイツ語、ゴネリルは英語、リーガンは韓国語、コーディリアは日本語を発語した。冒頭の領土分割と相続の場面で、すでに舞台上を四つの言語が飛び交うことになる。こうした多言語性は、ヨーロッパの王権支配における国際性を暗示すると共に、家族内での不和・分断を感覚のレベルで表現する。つまり父と子、子供同士の相互理解の不可能性が、それぞれの俳優が互いに異なる言語を発するという構造でメタ的に表象されているのである。

ただし、こうした多言語版においても、鈴木の俳優訓練によって構築された集団的・様式的身体性は、上演に高い同質性をもたらす。冒頭、「ヘンデルのラルゴ」として知られる〈オンブラ・マイ・フ〉が流れる中、車椅子に座ったリア王がゆっくりと登場する。さらに背後の引き戸を開けて登場した三姉妹が、全く同じ速度でそれぞれの位置まで進み出ると、やはり同じタイミングと速度で腰を下ろす。俳優達が多国籍である事は外見から明らかだが、この冒頭の振付によって、出演者全員が美的に統制された虚構の世界の中に位置付けられている事が強く印象付けられる。そしてその印象は、それぞれの登場人物が台詞を発した後も揺らぐ事はない。呼吸の鋭さと深さ、発声の力強さ、発語に関連付けられた（指差す、顔を向けるなどの）身振りのいずれの点においても、彼らの身体性は鈴木の方法論に基づいて美的に構成されている。唯一異なるのは、彼らが発している言語のみである。それ故に、実際には異なる言語が発されているにもかかわらず、同質の共同体が成立しているように思えるという、逆説的な演劇的効果が（字幕という補助的なメディアを通じて）成立する。そしてこの効果は、日常生活ではあり得ない、極めて限定された条件下においてのみ成立するのであり、観客は異なる言語での対話を違和感なく受け入れると同時に、その虚構性も認識するのである。

こうした鈴木の美的・言語的演出は、一方で個人を束縛し、破滅させる運命の力を感覚のレベルで表象する。しかし他方で、そうした外的な要因に抵抗する個人の崇高さや力強さをも強く感じさせる。このようにして、各個人が自らの意志によって運命に抗いつつも最終的に破滅していく『リア王』の悲劇性が、文学作品の再現・表象という近代演劇の枠組みを越え、より劇的に表現されるのである。演劇という集団創造の芸術においては、異なる文化的特性の交換・交流が、特定の文化圏域内部では思ってもみなかったような、優れた効果を上げる可能性がある。鈴木演出『リア王』多言語版は、まさに異なる文化背景を持つ芸術家同士が、それぞれの背景を生かした上で新たな芸術的価値を創造するという、異文化交流すなわちインターカルチュラリティの意義を示すものである。

その点で、鈴木演出『リア王』のインターカルチュラリティは、たとえば二〇一二年に東京芸術劇場で上演された蜷川幸雄演出『トロイアの女』とは明確に区別されなければならない。蜷川演出『トロイアの女』には、日本人、ユダヤ系イスラエル人、アラブ系イスラエル人の俳優が出演し、舞台上では日本語、ヘブライ語、アラビア語が発せられた。確かにそれは挑戦的な試みではあった。しかし、同じコロスの朗誦が毎回三つの言語で三度繰り返されるという手法には、仮に演出家の意図が別の点にあったとしても、冗長な反復という印象を禁じ得なかった。加えて、イスラエルとアラブ諸国、イスラエル内のユダヤ系とアラブ系、そして日本とイスラエルの関係といった、単純な加害・被害の関係では捉え切れない、極めてアクチュアルで政治的問題をはらんだ関係の付置に対して、演出家が芸術的に取り組むことを放棄したという印象すら与えた[11]。トロイアの女性達のコロスが日本語、アラビア語、ヘブライ語でそれぞれ発語するという方法は、一見すると各言語を公平に扱っているようでいて、実質的にはイスラエルとアラブという二つの文化圏における複雑に入り組んだ権力関係あるいは加害と被害の関係を等閑に付してしまう。極めてセンシティヴで多面的な政治的関係が、全員がトロイアの女性達という被害者を演じる事で、〈みな等しく被害者〉という安直な単一性に回収されてしまうのである。言語間における歴史的・社会的・文化的な権力関係という文脈が、多言語の並列という手法によってむしろ覆い隠されてしまうという点において、この演出はインターカルチュラリティのはらむ問題を浮き彫りにした。

ただし、言語同士あるいは話者同士のメタ的な権力関係が、一見すると克服されているようでいて、その実むしろ強化されているというインターカルチュラリティの問題は、鈴木の『リア王』においても指摘することができる。つまり、日本語話者である観客にとっては、日本語と日本語以外の言語との分断がむしろ助長され、多言語というよりも〈母語／外国語〉という二元的な関係が強化されてしまうのである。『リア王』では、観客の多数を占める日本語話者にとって、英語もドイツ語も韓国語も他者の言語に他ならない。すなわちそこでは、個々の俳優の言語的・文化的特性よりもまず、〈彼ら外国人〉と〈われわれ日本人〉という単純な二項対立が観客に印象付けられることになる。言うまでもなくそれは、構造的に日本というナショナリティを強調し、〈日本〉と〈外国〉との分断を強化しかねない。結果として、多様な文化・言語の相互交流というインターカルチュラリティの理念が、むしろその交流を阻害するような分断を助長してしまうという逆説をもたらす事になる。

一九九〇年代以降、一九六〇年代に「アングラ」と呼ばれた演劇人の多くが公共劇場やフェスティバルの芸術監督に就任する事によって、社会的承認とともに恵まれた制作条件を手に入れた。公共劇場やフェスティバルへの重点的な予算投入によるグローバルな芸術マーケットへの参入は、一九九〇年代以降「選択と集中」を旗印にした日本の文化政策において重要な位置を占める。[12] その結果、それまでとは比較にならないほど多数の「国際共同制作」と銘打たれた作品が生まれた。それらは確かに、日本の演劇シーンに刺激を与え、演劇の国際化、芸術のグローバル化を印象付けた。ただし、本来文化政策は国家という枠組みを基本として遂行される以上、ナショナリティや国威発揚と無縁でいる事はできず、それは演劇も例外ではない。[13] もちろん異なる国家同士が、それぞれ国威発揚を目的とした文化政策に基づいて文化的交流を促進し、その結果優れた芸術的・文化的成果が生まれる事はありうる。[14] しかし、そのような言わば〈ナショナリティのためのインターナショナリティ〉あるいはインターカルチュラリティ[15]は、政府の方針次第で、〈日本〉を〈外国〉から分断し特別視するような、あるいは日本(政府)に対する批判的な表現を排除するような、偏狭な原理主義的ナショナリズムに陥る危うさを常に孕んでいる。芸術実践に求められるのは、そうした文化政策・文化制度の内部において、その問題点を浮かび上がらせ、美的に経験可能にするような態度であるだろう。言い換えれば、文化的・言語的交流における権力関係と差異に対して批判的な眼差しを向け、それを表現に昇華する事である。

三　差異としての共通言語

二〇〇七年に静岡県舞台芸術センター芸術総監督を退き、富山県利賀村に戻った鈴木のもとに、毎夏多くの外国人俳優が訪れ、劇団ＳＣＯＴのメンバーと共同生活を営みながら訓練を行い、鈴木の演出作品に出演している。鈴木はこれを「インターナショナルＳＣＯＴ」と名付け、近年の重要な活動と位置付けている。「インターナショナルＳＣＯＴ」は、これまでのような文化的・言語的交流に基づきつつも、文化交流における相克や差異、対立や権力の不均衡の問題に対する鈴木の応答の場である。鈴木は日本人・外国人を問わず、俳優に自らの方法論の実践を要求する。その手法自体はときに強権的とすら言えるものだが、それが単なる抑圧ではなく、俳優の演技に新たな可能性を生み出す契機となるのである。とりわけ外国人俳優との共同作業において、鈴木と俳優の間の権力関係は、単純な文化交流や交換ではなく、相互の差異を認識した上で自らの文化・言語を批判的に捉え直す越境文化的《トランスカルチュラル》な試みとして、注目に値する。

二〇〇九年、鈴木は利賀村の野外劇場で『廃車長屋のカチカチ山』を上演した。この作品は、『廃車長屋の異人さん』(ゴーリキー『どん底』原作、二〇〇五年初演)と『カチカチ山』(太宰治原作、一九九六年初演)という鈴木の二本の演出作品を軸に、ベケットの戯曲や数学者・岡潔のエッセイなどをコラージュし、再構成したものである。太宰治の『カチカチ山』は、悪事を働いた狸を兎が成敗するという日本民話を、少女としての兎と中年男性としての狸の愛憎劇として読み換えたテクストである。醜い中年男性である狸は、美しく残酷な少女である兎に惹かれ、その残酷さの犠牲となる。太宰はこの短編小説で、民話における勧善懲悪の主題に近代的な女性性の反乱を重ね合わせた。この太宰の短編小説を、鈴木は精神病院という枠構造を用いて演出した。「世界は精神病院[16]」という演出的着想は、特に一九九〇年代以降鈴木が繰り返し用いる方法論である。すなわち世界は精神病院であり、人間は全て(医者や看護婦も含めて)精神病患者となる。世界劇場というバロック的世界観の変奏といえるこの世界像は、近代社会における正常性の規範化に対して鋭く批判的な問いを投げかける。この枠組みにおいては、舞台上の行為は全て、狂人たちの戯れとして異化される。誰が正気で誰が狂人であるのか明らかにならず、言葉を発する主体の自己同一性は常に解体の危機に瀕している。鈴木演出『カチカチ山』では、兎は医者や患者を手玉に取る娼婦のごとき看護婦であり、狸はその看護婦に恋焦がれる中年男性患者として登場する。狸は同時に男性原理主義を体現するようなヤクザの親分として造形される。つまり鈴木演出『カチカチ山』は、男性性と女性性の対立という太宰のテクストにおける構図が、〈女性看護婦＝娼婦〉と〈男性患者＝ヤクザ〉の対立として読み替えられ、さらにその対立構図そのものが精神病院という枠組みの中で批判的に異化される。

『廃車長屋の異人さん』では、スクラップとなった自動車の集積所を舞台とし、それぞれの登場人物が廃車に住みつく浮浪者であるという設定が導入された。彼らは日本の高度経済成長を牽引した自動車産業の墓場のような場所でゴーリキーの『どん底』を演じながら（つまり『どん底』は浮浪者達による一種の劇中劇であるという解釈も成り立つ）、やはり高度経済成長の文化的象徴となった美空ひばりの歌を歌う。彼らは〈ここではないどこか〉への脱出を夢見るが、誰も実際に行動しようとせず、『どん底』で描かれる殺人などの劇的な事件も起こることはない。彼らはただ、近代社会の墓場で永遠に戻らない過去への追憶に浸っている。鈴木演出『廃車長屋の異人さん』は、いわばゴーリキーのベケット的読み換えによって、日本を席巻する資本主義の過剰消費・過剰廃棄の行きつく果てを描いた作品である。

上記の二作品をコラージュし、インターナショナルSCOTの作品として上演された『廃車長屋のカチカチ山』は、単に異なる二つの演出の混ぜこぜではなく、鈴木による〈日本とは何か〉という文化論的作品となった。中でも注目すべきなのは、日本人俳優に加えてロシア人、韓国人、イタリア人など全ての外国人俳優が、日本語で台詞を発している事である。すでに述べたように、これまで鈴木の演出作品において多くの外国人俳優が登場してきた。しかし、多国籍の俳優全てに日本語で台詞を発語させたのはこの作品が初めてである。

どの言語かを問わず、日本語以外の外国語によって台詞が発せられる場合には、逆説的ではあるが言語として理解不能であるために、台詞の意味内容が〈字幕などの補助的メディアを通じて〉観客に直接的に伝達される。ところが多国籍の俳優達が日本語という共通言語を発する時、そこで台詞の意味内容よりもはるかに印象深く伝達されるのは、非日本語話者が日本語で語るという〈不自然さ〉である。作品内部では、『リア王』四か国語版のように、登場人物同士のコミュニケーションは円滑になされているように見える。しかし、われわれ観客は、外国人俳優達が発する日本語に驚き戸惑う。これまで複数の鈴木演出で、外国語が発せられてきた事を知っている観客であればなおさらである。ロシア、イタリア、韓国などの俳優の発する日本語は、日本語話者の俳優の発する日本語とは明らかに異なる、ありていに言えば〈片言の日本語〉なのである。確かに言語的な意味は理解できるが、「なぜ彼らは日本語で話しているのか〈話さなければならないのか〉」という大きな疑問は解消される事がない(17)。

外国人俳優達は、鈴木の俳優訓練を受け、ＳＣＯＴの日本人俳優達と遜色ない様式的な身体性を獲得している。しかし、『リア王』多言語版などに比べ、この『廃車長屋のカチカチ山』では、日本語という共通言語を発しているが故に、かえって日本語話者と非日本語話者との差異が浮き彫りになる。どれほど訓練を積み、また様式的な語りとしてデザインされていたとしても、非日本語話者の俳優が発する日本語の台詞は、まず観客の耳に異物として、〈片言の日本語〉として響く。まして、『廃車長屋の異人さん』『カチカチ山』という鈴木の演出作品をすでに見た事がある観客には、その差異はさらに明らかなものとして感じられる。これまで他言語あるいは多言語によって上演されてきた鈴木の演出作品において、また鈴木の俳優訓練においては、日常的な発語のイントネーションを意図的に解体・再構成したりする事はあっても、こうした言語的不能性・無能力性は否定の対象となった。そうした従来の鈴木の演出美学において否定されてきた現象をあえて上演に取り入れる事には、鈴木が一貫して取り組んできた演出美学との連続性と、それを逸脱する新たな試みを見て取る事ができる。

例えば日常生活において、異なる言語圏に属する者同士が同一の言語でコミュニケーションを取ろうとする時、言語は情報伝達や自己表現のツールとしての機能を逸脱する事は原則としてない。そこに言語的な困難が生じたとしても、我々は聞き手としては、相手が言おうとすることに注意を集中し、理解しようとする。また語り手としては、何とか相手に理解してもらおうと努めるだろう。異なる言語圏に属する者同士による異文化交流とは、通常このような相互の努力によって成立する。しかし、鈴木演出『廃車長屋のカチカチ山』で発せられる日本語は、こうした日常生活における異文化交流のための言語とは異なる性格を持つ。というのも、すでに述べたように、演劇という特殊な美的時空間、とりわけ新劇における言語的同一性を批判し、言語の理解不可能性や伝達不可能性に取り組んできた一九六〇年代の演劇人達にとって、演劇表現の言語は単なる情報伝達のためのツールではないからである。鈴木はこれまでも一貫して、語る身体と語られる言葉の非同一性や、語ることによって生じるコミュニケーションの不可能性を自身の演出の重要な要素としてきた[18]。それは、コミュニケーションのツールとしての言語ではなく、コミュニケーションの困難を明らかにする差異・裂け目を浮き彫りにする言語という事すらできるだろう。『廃車長屋のカチカチ山』は、外国籍の俳優に日本語を語らせる事によって、語る身体と語られる言葉のズレという、鈴木がこれまで取り組んできた演出手法を、より構造的な問題として浮かび上がらせる。すなわち彼らの言葉は演出家によって強制された外国語であり、それを聞く観客の耳に、演出家と俳優との構造的な権力関係を感じさせずにはおかない。それは同時に、ある言語文化圏における〈母語話者〉と〈非母語話者〉との権力関係をも暗示する。その意味で彼らの言葉は、相互理解のための共通言語でありながら、異なる言語文化圏同士の差異・距離、さらに言えば相互理解の困難さをも浮かび上がらせる。

四　言語とヒエラルキーをめぐる遊戯

『廃車長屋のカチカチ山』において、言語文化圏における権力関係を遊戯的に示すのは、特にロシア人女優（ナナ・タチシュヴィリ）によって演じられる兎の看護婦、役名「ロシアの兎」と、新堀清澄演じる「日本の狸」の関係性である。母語を用いて流暢に語る「日本の狸」と、多大な努力によって非母語を用いて不自然に語る「ロシアの兎」との関係は、飛躍を恐れずに言うならば、植民地の支配者と被支配者の関係を思い起こさせる。両者の権力関係は、ホミ・バーバが論じているように、言語だけの問題ではなく、身振りの相似性と非相似性とを同時に創出するような「擬態の身振り」からも指摘することができる。バーバによれば、植民地の被支配者は、自発的に支配者の身振りを模倣する事によって、自ら支配者の役割を演じ、ヒエラルキーを利用して自らの立場を上に見せようとする。それはしかし、支配者の文化を被支配者が自発的かつパフォーマティヴに再生産する行為に他ならず、結果として被支配者の中に更なる分断をもたらし、彼らが虐げられている権力構造を自ら再生産してしまう。植民地の権力性・暴力性とは、支配者による身振りの強制にあるのではなく、このような被支配者の擬態の関係性に見出されるというものである[19]。さらにまた、そうした擬態の身振りは、相似性だけではなく非相似性をも強調する。被支配者側がどれほど支配者を〈演じ〉ようとしても、〈身体的・言語的・文化的〉差異を完全に消し去る事はできないからである。擬態の身振りは、そうした差異の強調によって、支配／被支配の関係をより一層強固にする。『廃車長屋のカチカチ山』において鈴木が試みた事こそ、言語芸術である演劇において通常意識される事のない、言語的な権力関係を明らかにする事だったのではないか。外国人の俳優による日本語の発語は、言語による擬態である。言語的マジョリティである日本語話者の観客は、そこに言語的相似性と非相似性を同時に見出し、自身が言語的マジョリティである事を確認しようとする。それこそが、演劇という言語芸術において、言語的マジョリティすなわち支配者として振る舞おうとしている観客の無意識の暴力を明らかにするのである。

もちろんこうした言語的な擬態が、単なる暴力的な強制に留まらないのは、鈴木自身が自らの権力性を自覚的に演出に取り入れてきたという背景があるからである。SCOTにおける鈴木が、集団の絶対的な権力者である事に疑いはないだろう。しかし、とりわけ静岡県舞台芸術センター芸術総監督を退任して以降、鈴木は繰り返し集団内の絶対的権力者としての自己像を自覚的かつ戦略的に演出に取り入れ、メタ的な視座を成立させてきた。[20] 鈴木は集団の支配者としての権力に自覚的であり、被支配者との間にかりそめの平等性を演出するのではなく、むしろその権力構造を徹底して推し進める。その果てにおいて、俳優と演出家あるいは俳優と観客との間の権力構造が可視化され、批判的に問いに付される瞬間が生じるのである。ただしそれは、必ずしも狭義の再現表象の原理によって表現される訳ではない。何故なら潜在的な被支配者である外国人俳優が発する日本語は、擬態としての日本語であり、その不能性・非完全性という陰性によってしか彼らの置かれた状況を表現する事ができないからだ。すなわち彼らの発語は、宗主国の言葉を強制された被支配者の身振りであり、言葉を奪われたサバルタン[21]の発語でもある。もちろんそれは、外国人俳優だけの問題ではない。彼らと日本語でコミュニケーションを取る(とおぼしき)日本人俳優達もまた、ベケット的な逃げ場のない状況としての精神病院あるいはスクラップ自動車の集積所において、言語の(不)可能性と戯れる狂人の群れとして造形されているからである。彼らは確かに言語によって対話を交わすが、それは何らかの意味の伝達のためではなく、語れば語るほどその語りが空疎で無意味なものである事が明らかになってしまうのである。[22]

そもそも外国人俳優達は、力強い発語や機敏に動く身体、舞台上での堂々たる振る舞いなど、俳優として優れた能力を持っている事が見て取れる。それにもかかわらず、母語ではない日本語での発語を演出家の意図に基づいて強制される事によって、彼らは本来有している俳優の技量を制限され、〈片言の日本語話者〉というレッテルのもとに行為しなければならない。「日本の狸」が抑揚や緩急を自在に操って台詞を巧みに語る一方で、「ロシアの兎」の語りは、平板で早口のために聞き取りづらく、語りの魅力に欠ける事は否めない。こうした言語による能力の制限という状況は、現実社会において、日本語の不得手な〈外国人〉が不利益を被る状況と何ら変わるところはない。本来母語であれば優れた能力を発揮できるはずの〈外国人〉が、日本語という枠組みを強制される事によって、ヒエラルキーの下部に組み込まれてしまうのである。

しかし、上演における外国人俳優の演技は、そうした「擬態の身振り」あるいは「サバルタンの発語」といった構造的な位置付けを越えて、ある特殊な演劇的な魅力を有する。外国人俳優達が〈片言の日本語〉で台詞を発する時、しばしば客席から笑いが起こった。もちろんそれは、外国人の発する日本語の不明瞭さやイントネーションの不自然さを嘲笑するという側面があるだろう事は容易に想像できる。しかしそれだけではなく、個々の俳優達の技量、例えば音楽的な語りやリズム感覚と、言語の不自然さが相まって、独特の軽妙さや滑稽さが生まれていたのである[23]。

構成の点で言えば、「ロシアの兎」が登場する場面は、美空ひばりなどの歌謡曲によってその他の登場人物が一体感を高めた直後に置かれる場合が多い。音楽を通じた情緒的な共同体は、「ロシアの兎」という外部の存在が介入する事によって、繰り返し中断を余儀なくされる。特に、「日本の老人」が島倉千代子の歌う《からたち日記》に対して「日本の歌は実にいい[24]」と感極まったように呟いた直後の場面は、その関係性が顕著に表れる。それまでの展開を中断して「ロシアの兎」が現れ、「日本の狸」に対して「ずいぶん眠ったのね」と語りかける。観客は、老人が陶酔していた〈日本〉という文化的・言語的圏域全体が〈日本人〉たちの夢か妄想なのだと了解できる。「ロシアの兎」の俊敏で溌剌とした身体は、今にも死にそうな「日本の老人」（実際に後半でこの老人は陶酔の内に死んでしまう）とは対照的である。確かに「ロシアの兎」の語る日本語は不自然で抑揚に乏しいが、その不自然さ故に、「日本の老人」に代表される〈日本〉という共同体を異化し、批判的に捉え直すための〈外部〉としての役割を果たすのである。

「兎」の具体的な演技について言えば、それに続く柴に火をつける場面が注目に値する。ここで「兎」は、柴に火をつけた後に悠然と自分の腕に香水をつけ、煙草をくわえる。こうした〈バタくさい〉身振りは元々の『カチカチ山』には存在しなかったものであり、外国人としての「兎」の他者性を強調する。さらに「兎」は、燃える音を聞きつけた「狸」に対して、「そりゃその筈よ、ここはパチパチのボウボウ山だもの。〔……〕同じ山でも、場所に依って名前が違うのよ。知らなかったの?[25]」とはぐらかす。これは無論、火をつけた兎が自身の行為をごまかすために適当な理屈をこね上げる台詞である。しかし、ここで表現の位相が複雑化する事は見逃せない。すなわち兎による狸への復讐というおとぎ話の位相、女性の男性への叛逆という太宰の原作の位相、女性看護婦による男性患者への性的誘惑という演出の位相に、〈日本語の不得手な外国人が日本人に対して日本語表現を教授する〉というメタ的な位相における皮肉めいた諧謔が加わるのである。

作品の幕切れ近く、狸が兎に殺害される場面は、とりわけスリリングな場面である。泥船が沈もうとする中、「ロシアの兎」は「日本の狸」に一撃をくらわす。「日本の狸」は、「日本人を大事にしろ! 民族共存の志を忘れるな!」(26)と叫びながら、「ロシアの兎」のスカートに手を入れようとする。それはあたかも、西洋白人文化にコンプレックスを抱きつつ欲情し、それでいて自国文化を特殊で崇高なものだと信じようとする、いわば〈日本(人)原理主義〉の歪んだ欲求が具現化されているようである。それに対して「ロシアの兎」がとどめの一撃を放ち、「おお、ひどい汗」と額を拭う時、両者の関係は複雑に交錯する。ここでは「ロシアの兎」は、男性的主体から欲望を向けられる女性的客体であると同時に、そうした野蛮な男性性を成敗する文明的主体でもある。また言語的マイノリティでありながら、マジョリティたる「日本の狸」に対して圧倒的な強者として振る舞う。沈もうとする船の中で狸の発する「わからん。理解に苦しむ。〔……〕これはほとんど暴力だ」(27)という叫びがまさに示すように、兎の仕打ちは狸にとっては理不尽極まりない暴力である。しかしそれは、男性が女性に、日本人が外国人に、宗主国が植民地に、言語的マジョリティがマイノリティに対して振るい続けてきた暴力に対する復讐に他ならない。その意味で、「ロシアの兎」と「日本の狸」の対立は、言語と文化をめぐる、絶えざる暴力の戯画なのである。

このように『廃車長屋のカチカチ山』は、言語と文化の権力関係を巧みに表現し、かつその問題性を示す。〈片言の日本語話者〉という言語圏域の内的他者と他の日本人俳優とがもたらすスリリングな緊張関係によって、言語と文化によるヒエラルキーが無根拠でありながら人々の共犯関係によって成立するという実情が明らかにされる。外国人俳優達は、鈴木の特殊な身体的方法論に基づいた一種の文化的束縛と、日本語の強制という言語的抑圧の状態に置かれている。それは俳優個人の技量に大きな制約となって現れる。しかし、彼らがそうした制約の中で抵抗する姿は、周囲の日本人俳優そして観客が形成する言語・文化圏域の持つ暴力性と権力構造を明らかにすると共に、特定の言語・文化圏域を越え出る越境や解放の魅力を発するのである。これは、多言語の並列という異文化交流的な手法では生じない、文化・言語圏間の差異や権力関係を批判的に捉え直す、越境文化的な演劇美学が生み出した成果である。

鈴木自身が、制作段階でこうした越境的な演技の魅力に対して自覚的であったかどうかは分からない。あるいは、こうした成果は、演出家・鈴木の意図を越えた、幸運な誤算であったかもしれない。しかしいずれにせよ、「精神病院としての世界」に代表される独自の演出的方法論によって、多くの古典テクストの斬新な読み換えとその演劇的表現を可能にしてきた鈴木が、『廃車長屋のカチカチ山』に至って初めて、グローバルな社会において、より深刻な問題として現れてきた、言語コミュニケーションの緊張関係を主題とし、演技の新たな可能性を示したと言う事はできるだろう。現在でも、夏期の利賀村では多くの外国人俳優が鈴木の演出作品に出演している。しかし、全ての外国人俳優が日本語を発するという実験は、今のところ『廃車長屋のカチカチ山』を最初で最後としている。集団の創作状況が、そうした時間も労力もかかる実験を許さないのだろう。とは言え、『廃車長屋のカチカチ山』の実験は、「国際交流」あるいは「文化交流」の美名のもとに文化的・言語的な収奪と抑圧が発生しうる国際的な文化状況において、演劇芸術が持つ抵抗の可能性を示している。

註

(1) 本稿では、新劇を「自由劇場・芸術座以降に西洋の戯曲の翻訳上演を主な目的とし、心理主義リアリズム的な演技と舞台の写実的表象を方法論とする演劇の形式およびその系譜」と理解する。

(2) 以下の資料を参照。扇田昭彦『開かれた劇場』晶文社、一九七六年、一二九―一三二頁。

(3) このワークショップの内容については次を参照。寺山修司『寺山修司演劇論集』国文社、一九九二年、八一―八四頁。

(4) これらの公演について比較的詳しく述べている資料としては次を参照。扇田昭彦『唐十郎の劇世界』右文書院、二〇〇七年、二九三―三〇〇頁。

(5) 例えば近代リアリズム演劇の殿堂と見なされていたモスクワ芸術座が一九五八年に初来日公演を行った際には、多くの新劇人が足を運び、絶賛を呈している。

(6) これはもちろん、国民国家における標準語教育による国家言語幻想とも結びついている。日本の近代演劇は、その端緒においてすでに、国家に有為となる人材の育成というナショナリズムとの接点を見出す事が出来る。マルクス主義と深く関わり、戦前戦中には国家権力の弾圧の対象であった二〇世紀の新劇もまた、民衆の教化啓蒙のための芸術演劇という理念において、文化的エリート主義へと陥り、抑圧的なイデオロギーとして機能する危うさを内包している。以下の資料を参照。神山彰『近代演劇の来歴』森話社、二〇〇六年、七―一二頁。兵藤裕己『演じられた近代――国民の身体とパフォーマンス』岩波書店、二〇〇五年、二六〇―二六二頁。

(7) 新劇の代表的な演出家・千田是也は、主著『近代俳優術』において、俳優の重要な課題として「観察と模倣」を挙げている。様々な種類の人間の外的動作を精密に観察し、かつ動作を裏付ける内面的な性格や思想を理解する事が、俳優が多種多様な人間を表象するために必要だとする。新劇の基礎的な方法論が、〈観察―検証―再現〉という自然科学の〈合理的な〉原理に基づいている事が分かる。千田是也『近代俳優術　上』早川書房、一九六八年、一二三―一二九頁を参照。

（8）例えば唐十郎の初期の作品には、「何を言っているのかよく分からず、何が面白いのかもよく分からないが、面白い」という観客の反応が見られる。こうした印象もまた、新劇におけるシニフィアンに対するシニフィエの優越という原理に抗おうとする、一九六〇年代演劇の言語観の現れという事ができる。大笹吉雄『新日本現代演劇史　四』中央公論新社、二〇一〇年、一三八―一四一頁。

（9）特に『劇的なるものをめぐってⅡ』で成果を挙げたこの方法論については次を参照。渡邊守章「舞台で何が試行されたか」早稲田小劇場＋工作舎編『劇的なるものをめぐって』工作舎、一九七七年、一八二―一八八頁。扇田昭彦「立ちあがる根源　鈴木忠志試論」財団法人静岡県舞台芸術センター『演劇の思想　鈴木忠志論集成』二〇〇三年、三〇―四〇頁。

（10）早稲田小劇場『劇的なるものをめぐってⅡ』の海外公演では、主演の白石加代子の演技を歌舞伎や能の一変種として理解し、西洋演劇とは異なる奇異なものとして捉えようとする劇評がしばしば見られる。例えば一九七五年のポーランド公演は、「現代社会の写実的描写と伝統的歌舞伎の異国情趣の合体」と評されている。この劇評のH・リプシッツによる日本語訳が以下の資料に掲載されている。早稲田小劇場＋工作舎編『劇的なるものをめぐって』二四五頁。

（11）同様の観点から書かれた劇評については次を参照。菅孝行「誰の平和を祈るのか――『トロイアの女たち』という「共同事業」への疑い」『テアトロ』八七二号（二〇一三年二月号）、カモミール社、一〇二―一〇七頁を参照。

（12）九〇年代前後の文化政策については以下を参照。佐藤郁哉『現代演劇のフィールドワーク』東京大学出版会、二〇〇六年。

（13）とりわけ日本では、長らく演劇が教育や社会福祉との関係において議論されてきたという背景もあり、演劇の制度的な自律が保証されているとは言えない状況である。演劇と公共性をめぐる議論については次を参照。伊藤裕夫、松井憲太郎、小林真理編『公共劇場の10年』美学出版、二〇一〇年。

（14）二〇一九年に日本とロシアの二か国で開催された「シアター・オリンピックス」などはこうした関係の好例と言えるだろう。このフェスティバルは、日本の鈴木忠志をはじめギリシャ、ロシア、アメリカ、ドイツなどの著名な演劇人が集まり、「演劇による文化交流」を銘打って一九九四年に開始された。

（15）国籍・言語・文化的同質性が比較的強い日本社会においては、「多国籍」である事と「多言語・多文化」である事はほぼ同様の内実を持つと言えるだろう。故にここではこの両者を厳密に区別しない。

(16) 鈴木忠志『内角の和 Ⅱ』而立書房、二〇〇三年、二三六—二三八頁を参照。

(17) ただしこの作品には、『どん底』の「ダッタン人」にあたる「マホメット教信者」という人物が登場する。彼は日本人俳優が片言の日本語で演じるため、他の日本人俳優と外国人俳優との中間的な存在である。その意味で『廃車長屋のカチカチ山』の言語的位相は、単純な日本人対外国人の構図よりもさらに多層的であると言える。

(18) 鈴木の演出的方法論については以下の資料を参照。扇田昭彦「立ちあがる根源　鈴木忠志試論」、鴻英良「「スウィーニ・トッド」への序奏——演技論から演劇論へ」、三浦雅士「方法としての心的異常——鈴木忠志ノート」いずれも『演劇の思想　鈴木忠志論集成』、三〇—四〇頁、五〇—五九頁、六〇—六八頁。

(19) Cf. Bhaba, Homi K.: *The Location of Culture*, London / New York: Routledge 1994, pp. 84-6. Bonz, Jochen / Struve, Karen: Homi K. Bhaba: Auf der Innenseite kultureller Differenz: „in the middle of differences“, in: Moebius, Stephan / Quadflieg, Dirk (eds.): *Kultur. Theorien der Gegenwart*, Wiesbaden: VS 2011, pp.141-2.

(20) たとえば『シンデレラからサド侯爵夫人へ』(二〇一二年)では、作品全体がある劇団の稽古という枠構造が採用されている。そこに登場する演出家は、稽古中眠り込んだり、台詞が難解で理解できないと呟いたりする滑稽な人物である。しかし全ての登場人物が、この無能とも思える演出家が出す突拍子もない指示に唯々諾々と従う。

(21) スピヴァクは『サバルタンは語ることができるか』(上村忠男訳、みすず書房、一九九八年)において、現代社会における自発性の強要の問題を指摘する。犠牲者とされる人々は、耳を傾けられる事を奪われているにもかかわらず、政治闘争における再現表象のシステムに組み込まれる。それは「自ら語る」という自発性を奪われつつ強要されるという抑圧として機能する。スピヴァクによれば、フランスのポスト構造主義における論客もまたその点で、搾取と抑圧の構造を再生産している。

(22) 『廃車長屋のカチカチ山』における言語の無意味性は、劇中では蔦森皓祐演じる「日本の老人」に端的に見出される。彼は、美空ひばりや島倉千代子の歌謡曲の世界観に陶酔し、国家主義的な歴史観を語る。彼の語る言葉はほとんど妄言とも言えるもので、彼が情緒的に語れば語るほど、その内容の空疎さやグロテスクさが強調される。なおこのキャラクターは鈴木演出『世界の果てからこんにちは』の「日本の男」の引用でもある。『世界の果てからこんにちは』の「日本の男」については次を参照。寺尾恵仁「余白としての演技　鈴木忠志構成・演出『世界の果てからこんにちは』上演分析」、『利賀から世界へ』八号、(公財)舞台芸術財団演劇人会議、二〇一六年、一四七—一四九頁を参照。

(23) これまでの鈴木演出においても、瞬間的にこうした滑稽な魅力が生まれた事例はある。例えば二〇〇三年『シラノ・

ド・ベルジュラック』では、ロシア人女優(イリーナ・リント)演じるロクサーヌが、戦場のクリスチャンを訪ねる場面で、突然日本語で料理の名前を羅列する。これまでロシア語で発語していたロクサーヌが、突然「おでんの白味噌炒め」など、原作に登場しない架空の料理を並べ立てる事で、観客は意表を突かれ、大いに笑いが起こった。

(24) 上演台本(SCOT提供)、二二頁。
(25) 上演台本、二四頁。
(26) 上演台本、四三頁。
(27) 上演台本、四三頁。

第二章　喜劇の文化戦略——セルダー・ソムンジュの『我が闘争』朗読パフォーマンス

栗田くり菜

一　文化的型破りとしてのソムンジュ

現在、人口の約四分の一が「移民系」であるドイツでは、ムーシン・オムルジャ（Muhsin Omurca, 一九五九—）、シナシ・ディクメン（Şinasi Dikmen, 一九四五—）、ジャンゴ・アズュール（Django Asül, 一九七二—）、ビューレント・ジェイラン（Bülent Ceylan, 一九七六—）やカヤ・ヤーナ（Kaya Yanar, 一九七三—）をはじめ、移民的背景を有する多くのコメディアンや風刺家が活動している。[1] 彼らの多くは舞台に一人で立つスタンダップ・コメディアンだが、カヤ・ヤーナのようにテレビ番組に出演し広く知られている場合もあり、「移民系」アーティストたちの活動はドイツ社会に根づいている。[2] そのなかでも本論でとりあげるセルダー・ソムンジュ（Serdar Somuncu, 一九六八―）は、『ある大量殺戮者の遺産（Nachlass eines Massenmörders）』というタイトルで、ヒトラーの『我が闘争（Mein Kampf）』をコミカルに朗読する過激なパフォーマンスで有名になった人物である。

ソムンジュの生い立ちと活動は、単一文化的な枠に収まるものではない。彼はトルコ人の両親のもとイスタンブールで生まれ、ドイツに移住し、その後マーストリヒトやヴッパータールの大学で音楽や演出を学び、現在はカバレティスト、俳優、作家、政治家として活動している。またコメンテーターとして討論番組やニュース番組に登場するなど、知識層としての活動も目立つ。移民背景を持つ人々がドイツで高等教育を受けたり、安定した職に就くことはいまだ困難であることに鑑みると、ソムンジュはドイツ在住の移民背景を持つ人物として成功した例外的な存在であり、「移民背景を持つ」という枠にも収まりきらない、いわば言語・地域文化の枠を越境した存在であるといえる。

しかし彼もかつて、ドイツ社会ではもっぱら「移民」というアイデンティティの枠内で評価されてきた。ソムンジュはドイツ語の語り口と立ち振る舞いにおいて一般のドイツ人とほとんど変わりのないように見えるにもかかわらず、俳優としてのキャリアを始めた頃、トルコ訛りのドイツ語で話すドラッグディーラーや違法転売屋役ばかりを求められた。ソムンジュにとってドイツは実質的な故郷であるのに、ドイツ社会が彼に期待していたのは「外国人」だったのである。そして彼自身もまたそのような役を引き受けてきたのであり、ドイツ社会が抱くステレオタイプ的な移民像には、過去の自分への自戒を込めて、ドイツに住むトルコ系コメディアンたちにも責任の一端があると述べている[3]。ソムンジュはビューレント・ジェイランやカヤ・ヤーナといった人気のあるトルコ系コメディアンを例に、彼らがトルコ系コメディアンとして一定の評価をドイツ社会で受けているのは「彼らの芸術が評価されているのではなく、〔……〕結局のところ出自が評価されているから[4]」であるという。そして「彼らのテーマは表層にとどまり、抵抗の表現や方法を用いてドイツ国内で議論を引き起こすには」至らず、一方ドイツ人観客も「〔著者補足 自分たちが持っている〕トルコ人イメージを追認できた」と考えるにとどまっているとソムンジュは批判する[5]。そのように自らも加担して作り出された文化的な枠に対して、カバレティストとして抵抗を試みているのが、ソムンジュである。

その抵抗が最も具体的に表現されているのが、前述の『ある大量殺戮者の遺産』というタイトルで行われた、ヒトラーの『我が闘争』の朗読パフォーマンスである。彼は自分を「トルコ人」という枠に押し込めようとする社会に対抗するため、「極めてドイツ的なもの（ganz Deutsches）」を演じようとヒトラーの『我が闘争』を選んだ[6]。「そしてまるで取り憑かれたようにヒトラーを演じ、次第に自分自身がヒトラーなのだと思うほどになった[7]」と誇張気味に語っている。この朗読は一九九六年から二〇〇一年まで一四〇〇回以上行われ、立ち見が出るほどの反響を呼び起こした。当然ネオナチの団体などが強く反発し、ソムンジュを脅迫したが、ソムンジュは身の安全のために防弾服を着用したうえで朗読パフォーマンスを続けた。

朗読パフォーマンスでは、ソムンジュはあえてカバレットが持つ独特のくつろいだ雰囲気を維持しながら、『我が闘争』の一部を抜粋して読み上げ、ヒトラーの独特の語りを巧みに模倣・誇張し、その過激な主張に当意即妙にコメントすることで観客を笑わせている。これはヒトラーの著作という、法的にも倫理的にも際どい作品を、コメディータッチで朗読するという点でタブーに抵触する「型破り」な試みである。しかしこの「型破り」な試みにより、「移民」や「ドイツ人」といった文化的属性の枠組みも揺るがしているようにみえる。というのもソムンジュは、『我が闘争』にみられる「極めてドイツ的なもの」を表面上は強く批判せず、むしろ偏った文化的アイデンティティが過激化したものとして公衆に晒すことで、観客を笑わす。この笑いと、それに対する観客の省察が、間接的に文化的アイデンティティという固定観念に揺さぶりをかけているのではないか。この問いについて、具体例を挙げながら考察していきたい。

二　自己の中に存在する異他としての『我が闘争』

『我が闘争』は第一巻が一九二五年に、第二巻が一九二六年に出版された。ヒトラーの自伝的な書物である『我が闘争』では、彼の幼年時代から反マルクス主義・反ユダヤ主義への傾倒[8]、ナチ党の結成、政治的手法や展望、そして文化論などについて述べられている。彼は人間を三種類に分類し、文化の創設者(Kulturbegünder)としてのアーリア人、文化の担い手・実行者(Kulturträger)としての日本人など他の民族、そして文化の破壊者(Kulturzerstörer)としてのユダヤ人が存在すると指摘し[9]、人種に優劣をつけた[10]。そしてユダヤ人の陰謀により、文化ではマルキシズムが、政治では代議制が、経済では労働組合運動が行われ、多数決主義が幅をきかせていることで国家が撹乱していると考えたヒトラーは、ユダヤ人への憎悪をあらわにしている[11]。もちろん『我が闘争』で展開されている文化論は支離滅裂で意味をなさないことは明らかである。人種の概念が全く恣意的であることに加えて、科学や文化はすべてアーリア人が創造したとするヒトラーの主張には科学的根拠がなく、偏見に満ちた妄言であることは疑いようがない。しかし『我が闘争』での自らの主張に基づいて、その後「世界史上最も偉大な民族であるゲルマン人による人種革命[12]」の必要性を訴えたヒトラーは、「劣等人種」による「血の汚濁」を払拭するため、ユダヤ人や障がい者、性的マイノリティなどを実際に虐殺するに至った[13]。

この経緯から、現在のドイツでヒトラーやナチスに関する上演を行うことは、人々からの厳しい批判と法律違反の危険を冒さずして成立することはなく、『我が闘争』の扱いについても慎重な判断が求められる。たとえば『我が闘争』の著作権を有していたバイエルン州は、ナチスやヒトラーの賛美につながる出版物の刊行は民衆扇動罪にあたるとして、二〇一五年まで『我が闘争』の一切の複写や印刷を禁じていた[14]。ソムンジュ自身もパフォーマンスの冒頭にて、『我が闘争』を所有するだけでは罪に問われないが、観客を集め全体を読み上げることは違法になると述べている[15]。そのような背景から、ナチスやヒトラーをテーマにしたうえで、さらに笑いを誘うパフォーマンスを行うことは今日でも厳しく限定され、社会的なタブーに触れる試みとみなされる[16]。

ナチスは「ゲルマン民族」の至上性という、ある意味で極めて「ドイツ的」なものを追求した。自文化を極端なほどに純化して賞賛し、他の文化を強く排斥したナチスの文化観は、戦後から今日に至るまでタブー視され続けている。自文化におけるこの逆説の関係こそがベルンハルト・ヴァルデンフェルスが指摘した、自己の中に存在する異他のなかでも最も極端な事例といえる[17]。ヴァルデンフェルスはどの文化にも異他的なものが多かれ少なかれ存在しており、異他的なものは一定数の人々にとってネガティブに思われるものである以上、自文化の周辺に位置付けられていると指摘した。一方ナチスは、自文化内の異他性を否定し、自文化の純粋性だけを追求した結果、現在のドイツ社会において最も強く否定されるべきものとして排除されるようになった。結果としてナチスが評価するドイツ的な文化は、現在のドイツ文化のなかで存在してはならないものとして忌避されるようになったのである。

しかしタブーはどれほど社会の周辺に追いやられても社会から消え去るわけではない。それは社会の片隅に潜在的に存在している。ナチスを単純にタブーと位置付け、社会にあってはならないとみなし、それ以上踏み込まないとする考え方は、社会や文化に対する硬直的な見方につながる危険性を内包している[18]。ナチスほど極端ではないにせよ、自文化を偏った見方から純粋に捉え、異質なものを外部に求めようとする文化の価値観はどの時代にも、どの社会にも存在する。その偏った文化の価値観は、社会が不安定になればなるほど一定の人々から支持を得るものである。たとえば戦後ドイツに焦点を当ててみると、多くのドイツ人はナチスに関わる歴史をタブー視し、ナチスと自分たちの関係を切り離そうとする傾向があることは否めない。そしてまさに、ソムンジュのパフォーマンスはこの傾向に対して抵抗するのだ。彼は『我が闘争』の滑稽な内容を滑稽なままに朗読し、観客を笑わせることで、ヒトラーやナチスというタブーに——笑いを通じて——正面から向き合わせ、忌避されている内実を人々に実感させることで文化の固定観念を揺さぶり、ナチス的文化観はもはや存在しないとする態度に問いかけることを可能としている。演劇学者ギュンター・ヘーグが述べているように、「異他との出会いは、外国やエキゾチックな文化においてではなく、私たちが自文化と思っている内側において」[19]行われる。ソムンジュはタブーである『我が闘争』を用いて喜劇的パフォーマンスを行うことで、自文化に潜在する異質なものとの遭遇を表現しようとしたのである。

三　型にはまりつつ、型を破るパフォーマンス

ソムンジュはナチスやヒトラーの著作がタブーであることを承知しながら、あえてコミカルな色調のパフォーマンスを行うことを決断したが、当然、彼はそのような「型破り」な試みの危険性を承知していた。『我が闘争』という文化的、政治的、倫理的、歴史的に極めて大きな問題があるものを扱うことには大きな批判が寄せられるだろう。またこのパフォーマンスを喜劇性だけで済ます

のであれば、ナチスの行った残虐非道な行為を軽視しているという批判を受ける可能性がある。ではなぜソムンジュは、タブーである書物を、ナチ問題の文脈ではタブーである笑いという手法でパフォーマンス化し、観客を笑わせたのだろうか。無批判とも取られかねないこの笑いは、単にひんしゅくを買うパフォーマンスとして限界を迎えるのだろうか。

そうではなく、ソムンジュの狙いは『我が闘争』という、本来は笑うだけでは済まないものを利用し、あえて観客を笑わせることで、ナチスの問題やそれを笑う意味について、改めて観客に再考を促すことにあった。そして「ナチスやヒトラーを笑うことはタブーである」という思考にすら潜む文化的な偏見を笑いから引き出し、それについて観客と共に批判的に検証しようとしたと考えられる。そこで、ソムンジュのパフォーマンスが示唆する、『我が闘争』と笑いのアンビヴァレントな具体例を見てみよう。

観客を笑わせる手段として、ソムンジュは二つの方法を用いる。一つはヒトラーの独特な語りを模倣し、『我が闘争』を悦に入ったようにして朗読することであり、もう一つは自分が読み上げた『我が闘争』の箇所にコメントを挟むことによってである。いわばヒトラーの典型という型にはまったパフォーマンスと、型から逸脱するパフォーマンスが組み合わされている。

まずは前者の、型にはまったパフォーマンスについて分析する。『我が闘争』のテクストの朗読中に、ソムンジュがパフォーマンスを小休止する必要があるほど、観客が笑い声を漏らす場面をリストアップした(表一)。この七箇所の笑いは、ソムンジュが『我が闘争』を読み上げる際に特定の単語を誇張して読んだり、間に泣き真似や怒鳴り声を挟んだりする場面で起きている。つまり観客が笑う場面は、ソムンジュがヒトラーの「型」にはまった言動を過度に誇張したときに限られている。これらの場面での観客の笑いは、読み上げられる内容とはあまり関係がないと考えられる。つまり、あくまで笑いの対象となっているのはヒトラーの型を模倣したことで露呈するヒトラーの喜劇性であり、『我が闘争』の中身を笑っているのではないことは留意すべきである。[20]

（表二）

観客が笑う時間	笑いの誘引（Mein Kampf［以下 MK と記す］における箇所）
0:27:04	auch の強調
0:28:00	erschuf の強調
0:38:40	全文での誇張されたアクセント、間の取り方
0:48:28	Verkehr, Arbeitsgenossen の強調
0:56:04	ソムンジュによる泣き真似、怒鳴るような大声での朗読
0:59:19	Kolumbusse の強調
1:09:10	Fuchs の例

たとえば『我が闘争』の冒頭を読み上げた際のパフォーマンスに注目してみよう。ソムンジュが

ヒトラーの語りをどのように模倣しているのかを分析するため、まずは『我が闘争』の読み上げ箇所の原文を記す。

Erster Band: Eine Abrechnung. Im Elternhaus.
Als glückliche Bestimmung gilt es mir〔a〕heute, daß das Schicksal mir zum〔b〕Geburtsort〔b〕gerade〔a〕〔b〕Braunau am Inn zuwies. Liegt doch dieses Städtchen an der Grenze jener zwei deutschen Staaten, deren Wiedervereinigung mindestens uns Jüngeren als eine mit allen Mitteln durchzuführende Lebensaufgabe erscheint![21]　(文中の〔a〕〔b〕は筆者)

第一章　罰　生家にて
〔a〕今日わたしは、イン河畔の〔a〕〔b〕ブラウナウが、〔b〕まさしくわたしの〔b〕誕生の地となった運命を、幸福な定めと考えている。というのは、この小さな町はかの二つのドイツ国家の境に位置しており、この両国家の再合併こそ、少なくともわれわれ青年が、いかなる手段をもってしても実現しなければならない事業と考えられるからだ!

この箇所をソムンジュはヒトラーの語り口調を模倣して一気に読み上げる。ペーター・エルンストは、ヒトラーの発音の特徴として二重母音を過度に強調する癖と、rを巻き舌で発音する癖があると述べている。[22] そこで上記の引用では、前者の特徴が顕著に現れている箇所を〔a〕、後者の特徴が顕著に現れている例を〔b〕とした。

〔a〕の heute や Braunau には二重母音があるが、ソムンジュはこの二重母音の箇所で音量を上げ、また音程も上げることで強調している。たとえば heute は「ホイテ」という発音が近いのだが、eu を強調するあまり h がかき消され「オイテ」に近い音になり、かつ下線部を強調している。また Braunau という地名も二重母音を強調するため、「ブラウnアウ」という音に聞こえている。

次に〔b〕についてだが、ソムンジュはヒトラーの癖である巻き舌の r を模倣している。たとえば〔b〕の単語には複数の r が登場する。Geburtsort の r は本来の発音ルールであれば、語末・音節末の r であるため[a]という母音になり「ゲブアツオルト」という音が近いのだが、ソムンジュは強い巻き舌で発音しており、明らかに通常の発音から逸脱している点に特徴がある。さらに続く gerade や Braunau の r も口蓋音ではなく、強い巻き舌の r 音として聞こえる。

そしてソムンジュはヒトラーを正確に模倣するのではなく、誇張して表現する。たとえば朗読中、ヒトラーの口調を真似ながら、ソムンジュが次第に早口になっていく箇所がある(0:41:06 以降)。前半部では文章は聞き取れているが、次第に熱を帯びた演説調となり、最終的には唾を飛ばすような音しか聞き取れなくなる。これはヒトラーの演説が「大声で気持ち悪く、モゴモゴと何を言っているのか聞き取れない」ものであったため、それを誇張して表現した箇所である。[23]

以上のことから、ソムンジュはヒトラーの型にはまった演技をしつつも、それをさらに誇張し枠から逸脱することで、演じているヒトラーを滑稽な存在として表現しているといえるだろう。その表現形式ゆえに、内容自体もまた一層荒唐無稽なものに聞こえ、笑いの対象となるのである。

次に、ソムンジュがヒトラーの『我が闘争』を朗読しながらコメントを差し挟む際に生じる笑い、つまり型から逸脱した際に生まれる笑いについて分析する。彼は『我が闘争』にコメントをする際、内容がいかに支離滅裂で妄誕無稽かという印象を観客に巧みに与える。それは彼のパフォーマンスの随所に見ることができるので、いくつか紹介したい。

まずコメントをする際、ソムンジュはヒトラーの模倣とは正反対の、落ち着いた冷静な様子で語る。ヒトラーの語りとは対照的に、訛りのない聞きやすいドイツ語を話し、早口だが淡々と話す彼は、ヒトラーや『我が闘争』に関する客観的な情報を観客に与えていく。たとえば、彼は早口で次のように述べる。

『我が闘争』は一九三五年に初版三〇〇〇部、一九四三年に九〇〇万部以上売り上げたのに、実際に本を読んだことがあるのは国民の〇・〇〇二％に過ぎない。なぜこんなに本が売れたのかというと、一九三五年の法律で「各家庭に一冊あるべし」と決められ、〔……〕冠婚葬祭の様々な機会に贈られたためである。(24)

このコメントでソムンジュは意図的に数値データを前面に出し、落ち着いた語り口で観客に解説する。ここに、ソムンジュが『我が闘争』に対して詳細な知識を持ち、模倣する対象であるヒトラーとは一定の距離を保っていることが示される。これに加え、ソムンジュは『我が闘争』がドイツで禁書となった経緯、他国での出版事情、ヒトラーの出自などを要所で解説していく。ヒトラーを模倣するときと対照的なその様子は、コメンテーターとしてのソムンジュの話の内容に信頼性を与えている。

このように自分のコメントに信憑性を持たせながら、ソムンジュは『我が闘争』のテクストの選定を慎重に行っていく。彼はパフォーマンスでヒトラーの『我が闘争』の読み上げ箇所を戦略的に選び、かつ内容を組み替えて朗読するのである。表二に、ソムンジュがパフォーマンス内で朗読する箇所のページ数を表した。そこからわかるように、ソムンジュは各ページから数行を読み上げては別のページに移り、適宜コメントを挟む。そしてページを前後しながらテクストを抜粋することで、文章だけではなく文意の組み替えも行う。テクストの組み替えは巧みであり、パフォーマンス内においてはコメントを挟む以外は、テクストを一気に読み上げるため、観客がソムンジュの編集に気づくことは難しい。

（表二）

Mein Kampf 朗読の該当ページ数

1↓9↓322↓325↓21↓38↓40↓41↓63↓64↓44↓62↓45↓329↓61↓69↓330↓223↓70↓311↓312↓143↓147

たとえば、ソムンジュは次のように、異なる文脈のセンテンスをつなげていく。

彼は、まず次の箇所を読み上げる。「ユダヤ人と売春やその他の少女売春との関係については、南フランスの港町を除けば、他のどのヨーロッパの都市よりもウィーンで学ぶことができた（Das Verhältnis des Judentums zur Prostitution und mehr noch zum Mädchenhandel selber konnte man in Wien studieren wie wohl in keiner sonstigen westeuropäischen Stadt, südfranzösische Hafenorte vielleicht ausgenommen.)」（原書六二ページ）。そしてその直後に一ページ飛ばし、「わたしが労働者仲間と毎日つきあっているときに早くも、驚くべき変節性が目につくにいたった。彼らは同じ問題について時には数日で、往々にして数時間で、違った立場をとるのだ（Schon im tagtäglichen Verkehr mit meinen Arbeitsgenossen fiel mir die erstaunliche Wandlungsfähigkeit auf, mit der sie zu einer gleichen Frage verschiedene Stellungen einnahmen)」（原書六四ページ、下線は筆者）という文章と繋げる。下線部を引いた語は、ソムンジュが強調してゆっくり読み上げ、含みを持たせた箇所である。ここで展開される二つの文章は互いに関係のないものであるが、ソムンジュはこの二箇所をあたかも一つのまとまりであるかのように読むことで、観客の笑いを取ることに成功している。六三ページの文章が売春や淫売制度に関するものであるため、それに続く六四ページの「わたしが労働者仲間と毎日つきあっているとき」という箇所も性的な文脈に変化するのだ。そしてソムンジュは「付き合い」という明示的意味に加えて「性交」を示唆するVerkehrという単語をわざとゆっくりと強調して読み上げ、単なる「付き合い」ではなく「性交」というニュアンスを含意する。そのため、続く「労働者仲間(Arbeitsgenossen)」という単語に観客が爆笑する。コンテクストの変換が行われた結果、もともとあった「労働者仲間と話す」という意味ではなく、「労働者仲間と性交をする」という意味になったのである。

　このように、『我が闘争』の文章を恣意的につなげたり削除したりすることによって、ソムンジュは『我が闘争』のコンテクストから逸脱し、観客を笑わせることに成功している。「僕が『我が闘争』に対してなぜシニカルな態度なのかわかったと思う。この本の文章には隠された意味なんてなくて、字義通りの意味しかないんだよ[25]」とソムンジュは、『我が闘争』の内容の空疎さを指摘する。

　加えてソムンジュはヒトラーの言葉選びを揶揄することでも観客を笑わせる。たとえば『我が闘争』の第十一章「民族と人種」から、彼は次のような一文を引用する。「コロンブスの卵は幾百千となくそこらにころがっているものだ、ただコロンブスたちにはまれにしかお目にかかれぬだけのことである(Es liegen die Eier des Kolumbus zu Hunderttausenden herum, nur die Kolumbusse sind eben seltener zu finden)」(原書三一一ページ、下線は筆者)。ここでまずソムンジュは「コロンブスの卵」という部分をゆっくりと含みを持たせて読み上げ、場を沸かす。原文ではコロンブスのようになりうる人々、という比喩的な意味で「コロンブスの卵」という表現が使われているが、殊更ゆっくり読むことで、「歴史上存在したコロンブスという男性が産み落とした卵」という意味に変換される。そして続く「コロンブスたち」という表現にはdie Kolumbusse(der Kolumbusの複数形の造語)が使われており、観客はここで爆笑する。本来、この章はアーリア民族の優秀さやユダヤ人に対する差別的発言に溢れた章なのだが、ソムンジュは単語を選別して強調することで、Eier(卵)やコロンブスの複数形という単語に観客の注意を傾け、ナンセンスな複数形を用いるヒトラーの論の空虚さを示すことに成功している。

このように、ソムンジュはヒトラーの語りを模倣しながら朗読する部分と、朗読した内容に対してコメントする部分の差を強調して演じ分け、両者の点から観客の笑いを引き出す。つまり型にはまりながら観客を笑わせたり、枠を超え出るようにして笑わせるのである。ここで生じる笑いは、枠にはまるようではまらないものだ。

上記で示したように、『我が闘争』で主張されるドイツ的なものや文化に関する主張は、考察する価値すらない荒唐無稽な暴論である。六〇〇万人以上のユダヤ人やロマなどの少数民族・マイノリティを死に追いやったナチスの理屈は、科学的な思考の持ち主からみて、極めて滑稽で嘲笑されるべきものだった。ゆえにソムンジュは自分のパフォーマンスの冒頭で次のように問うている。「ヒトラーの『我が闘争』を笑っていいのだろうか?――その答えは簡単だ、『笑ってはいけない』に決まっている〔……〕でも笑わざるを得ないんだ」。そして観客も『我が闘争』の内容を聞けば理由が分かるだろうと述べて朗読を続ける。(26) この言葉の通り、ソムンジュは『我が闘争』を喜劇的パフォーマンスで示し、観客を笑わせる。それにより観客を、ナチスの思想の根幹そのものが実は荒唐なものであり、嘲笑されるべきものであった事実と直面させる。それゆえ、ソムンジュはパフォーマンスで、『我が闘争』の文章の滑稽な主張やヒトラーの語りの癖を強調し、嘲笑すべき側面を観客に知らしめる。決して目を逸らしてはならないナチスの犯罪は、その思想を支える理屈においては笑いの対象でしかなく、最も重く深刻な事実が、馬鹿げたものに対する笑いと表裏一体であるという、強いアンビヴァレンスがパフォーマンスを通じて暗示される。

このように、ソムンジュは『我が闘争』の荒唐さで観客を笑わせたうえで、ナチスを笑うことがアンビヴァレントであることを観客に自ら省みてもらおうとする。たしかにナチスの思想はあまりに荒唐無稽であるという点では笑えるが、しかし同時に、この思想が一二年間にもわたってドイツの社会や政治、文化の中枢を占めていたという点は、笑って看過することはできない。ナチスの思想は支離滅裂であり、検討する必要すらないと笑うことは簡単だが、戦争やジェノサイドのような大きな悲劇が実際に起きてしまったのである。ナチスが一時、ドイツ国内で高い支持率を得ていたことからわかるように、単に笑うだけでは笑いをやめざるを得ないような深刻な出来事を防ぐことができない。これが笑いの限界である。ソムンジュは、滑稽なパフォーマンスを行うことで観客を積極的に笑わせると同時に、笑いには無力な側面、笑う対象が内包する問題を拡大しかねない側面がある、ということを示そうとした。

笑いが持つアンビヴァレントな難しさとは、次のようなものである。タブーに触れうる笑いを最初から否定的に捉えて禁止すると、人はそもそも笑わなくなってしまう。前述のように、ナチスの思想はあまりに滑稽で笑える側面が事実として存在するため、笑いを禁ずるとその事実を否定することにもつながる。そこでソムンジュは、まずは滑稽なものを滑稽なものとして観客に大いに笑ってもらおうと朗読パフォーマンスを行う。しかしソムンジュは、そのような笑いを単純に歓迎しているわけではない。観客が笑うことで、自分が当たり前のように行う笑いという行為にも、限界やネガティブな副作用《サイド・エフェクト》を内包するというアンビヴァレントな側面に気付いてもらおうとしている。そのためにも実際に笑ってもらう必要があるのだ。

四　笑いによる自明性の問い直し

ここに、問題視されがちなソムンジュの喜劇的な朗読パフォーマンスの意義がある。彼はパフォーマンスを通じてあえて観客を笑わせることで、私たちが自明だと考えていることを、自らの経験を通じて問い直そうとしているのである。それは次のように説明できるだろう。

まず彼は、ヒトラーの朗読パフォーマンスを通じ、タブー視そのものの硬直性を問い直している。『我が闘争』というタブー視されているものを意図して持ち出すことで、観客は書籍の内容が想像と異なっていることを知ると同時に、『我が闘争』の内容を十分に知ることなしに、ただタブー視していた自分の思考停止状態に気づく。ここであらためて強調しておきたいのは、ソムンジュはパフォーマンスを通じ、ナチスの思想はタブー視されるべきではないと主張しているわけではない点である。そうではなく、タブー視する姿勢の硬直さを揺さぶり、その固定観念をほぐそうとしているのである。「歴史との対峙が恐ろしいものではなく、有意義で民族を超えて行うことが可能だということを、どうやったらみんなにわかってもらえるだろう。僕もトルコ人の立場からドイツ人を批判しているのではなく、現代ドイツに住む我々のために話しているんだ(27)」。

次に、彼は喜劇の可能性と限界というアンビヴァレント性と向き合うことにも挑戦している。ソムンジュが笑いという手法を用いたように、タブー視されるものを落ち着いて見つめ直すには、あえて笑いや喜劇的な要素を交えることが効果的である。なぜなら、笑うためには対象を客観的に見つめるための、ある種の距離が必要となるからだ。そしてこの距離は、ナチスのタブーを見つめ直すにも有効となる。ナチスという、歴史的に非常に深刻なテーマだからこそ、それを多角度から見つめ直すことが必要である。その際、距離をおいた立場から対象を見つめることを特徴とする笑いは重要な手段になるだろう。しかし同時に、笑いに終始するだけでは、実際の問題がほとんど解決されないのも確かである。これが笑いの限界であり、ソムンジュは観客にこのアンビヴァレント性を経験させることで、自ら問い直そうとさせている。「アンビヴァレントな態度を維持することが大事なんだ、それによってなんらかの動きが生まれて、手遅れになることを防ぐんだ。〔……〕思うに、僕らの態度がどこか間違ってるんだ。『我が闘争』を禁じているような社会、過去に囚われている社会は、どこか間違っているんだ[28]」。

ソムンジュが最終的に目指したのは、ヒトラーの偏った人種思想や文化論であれ、またそれを一方的に弾劾して自己の正当性だけを振りまく批判者の思考パラダイムであれ、自己の思想に必然的に潜むアンビヴァレントな側面を無視する姿勢や、偏ったものを笑う行為に、自らの限界や問題が内包されているという現実に観客に気付いてもらうことである。そうすることで、私たちがある対象に対して「AはBである」と明確に規定して考える思考そのものがアンビヴァレントな側面を内包しており、それが無自覚のうちに自分と他者へのステレオタイプ的な考え方を助長している、ということを問い直してもらおうとしたのだ。

「移民系」と一方的にみなされるソムンジュが、タブー視されるテーマをあえて選び、その内容を誇張して笑えるように披露する狙いは、単にナチスの問題を別の角度から見つめ直すきっかけを提供することだけではない。彼のパフォーマンスは、以前と異なり、現在ではドイツ社会の約四分の一を占め、社会と経済の活動をともに担っている「移民」のイメージが、数十年前と同じステレオタイプのイメージに硬直化していることをも、問い直そうとしている。舞台に立ち、『我が闘争』を巧みな話術と当意即妙なコメントで喜劇的に再現する舞台上のパフォーマーは、ドイツ系・トルコ系などの文化的な枠組では説明できない特異体質的な喜劇役者として、観客の前に現れている。彼自身の芸と芸術性が越境文化的な個性を発揮しているのだ。観客が、それでもトルコ系や移民系の喜劇パフォーマーとして彼を評価するとき、観客の見方そのものに、「~系」に収まりきらない多様な個性を軽視する文化的アイデンティティの偏りが含まれている。ソムンジュがヒトラーの『我が闘争』を選んだのは、その書に述べられる民族文化的思想が文化の属性を非常に偏った固定観念で一方的に評価しており、その一方的な考え方に文化的アイデンティティの最も問題のある実践例が確認できることを観客に示せるからである。観客が、その思想が滑稽なほどおかしいと笑うのであれば、その笑いは、この数十年間の間に移民が実に多様性を発揮して、部分的には移民と言えなくなっている事実を無視して、トルコ系や移民へのステレオタイプ像を持ち続けるドイツの一定の人々に対しても、向けられるべきなのである。

しかし果たして、ここまで考えたときに観客は笑い続けられるだろうか。それとも笑いをやめて考え込むだろうか。いずれにせよ、笑いにおいては、大いに笑うからこそ、その限界と問題も暗示される。実際に笑わないと、その問題もその人に自ら意識されることがないのである。喜劇人ソムンジュは、観客に大いに笑ってもらうことをよしとしたうえで、笑われる対象だけでなく、笑いに潜む問題を見つめて欲しいと考えているはずだ。その問題には、ナチスに対する硬直化した見方だけではなく、現在、ステレオタイプ的な視線の対象となる移民への硬直化した見方も含まれる。人々がこの見方を、自ら振り返ってもらうためにも、はじめに大いに笑ってもらう。この笑いを巧みに活かすのが、ソムンジュの喜劇的戦略である。

註

（1）ドイツ政府は、出生時にドイツ国籍を得ていない人、もしくは両親のどちらかがドイツ国籍を持たない人に対して「移民背景を持つ人々(Personen mit Migrationshintergrund)」と呼んでいる。この呼称を使うことで、いつまでも「移民」というレッテルを貼ることになるという批判もあるが、「移民系」の出自を無視することはかえって「移民」への差別にもつながりかねない。そこで、本論ではあえて「移民背景を持つ人々」と呼ぶことにする。

（2）カヤ・ヤーナは二〇〇一年から二〇〇五年まで『Was guckst du?!(何見てんだ?!)』というテレビ番組の司会と構成を担当し、幅広い人気を博したトルコ系のコメディアンである。カヤが成功したことで、エスノ・コメディ(自分の育った移民背景をテーマにしたコメディ)がドイツで一定の認知度を得た。

（3）Cf. Somuncu, Serdar: *Der Antitürke*, Hamburg: rororo 2009.

（4）Ibid., p.40.

（5）Ibid.

（6）Somuncu, Serdar: *Der Adolf in mir: Die Karriere einer verbotenen Idee*, Random House Audio 2016. [CD]

（7）Ibid.

（8）ヒトラーはマルクス主義に関する書物を読み進めていく過程で、マルクス主義が社会を弱体化させている原因であると考え、またこれらの書物が「発行人を始めとしてすべてユダヤ人」の手になるものであることを知り、「社会民主党がドイツ民族でない、他の民族の手に踊らされているのをはっきり知ることができた」と述べている。アドルフ・ヒトラー『我が闘争』第一巻、東亜研究所、一九四二年、一二二頁。

（9）ヒトラーは『我が闘争』の中でたびたび日本について言及しており、日本の技術や文化に対して強い関心を持っていたことがうかがえる。Hitler, Adolf: *Mein Kampf*. Zwei Bände in einem Band. Ungekürzte Ausgabe, München: Eher Verlag 1925-1926, p.318.(アドルフ・ヒトラー『わが闘争』上下・続三冊合本版、平野一郎／将積茂訳、角川書店、二〇〇四年、四一四頁)。

（10）『我が闘争』でヒトラーはユダヤ人をドイツ社会に対する脅威としてみているものの、書籍内ではユダヤ人の大量虐殺に関する記述は見当たらない。

（11）アドルフ・ヒトラー『我が闘争』第一巻、一七六頁。

（12）南利明「民族共同体と法—Nationalsozialismus あるいは「法」なき支配（一）」『法経研究』三七(三)、静岡大学法経学会、一九八九年、一―四五頁。

(13) 同上。

(14) ソムンジュがパフォーマンスを行なっていた一九九六年から二〇〇一年は、ヒトラーの著作は著作権により印刷や出版が禁止されていた。しかし二〇一五年、ヒトラー没後七〇年が経過したことで著作権の保護が切れ、それに伴いドイツの現代史研究所は当該図書が極右政党支持者やホロコースト否認論者たちに悪用されないよう、中立的な歴史家による膨大な注を付した新版を刊行した。多くの議論があったにもかかわらず、初版の四〇〇〇部がわずか数時間で完売した。

(15) Somuncu, Serdar: *Serdar Somuncu liest aus dem Tagebuch eines Massenmörders: Mein Kampf*, WortArt. [Video] 本論で扱うソムンジュのパフォーマンスはYoutubeに掲載されている以下の動画を参照した(閲覧日二〇二〇年五月一日)。時間表記は同動画に基づく。https://www.youtube.com/watch?v=kqh6CZbMCAI

(16) 現代に蘇ったヒトラーが巻き起こす騒動を描いた、ティムール・ヴェルメシュが二〇一二年に発表した『帰ってきたヒトラー』は映画化され大ヒットをするとともに、ヒトラーやナチスをどのように扱うべきか、大きな議論を呼んだ。

(17) Cf. Waldenfels, Bernhard: *Grundmotive einer Phänomenologie des Fremden*, Frankfurt a.M.: Suhrkamp 2006.

(18) タブーとは、もともとポリネシア語で「清められた」「神聖な」という意味とともに「不気味な」「禁じられた」という意味も持つ両義的な単語である。メアリ・ダグラスは様々な民族や部族の社会構造を分析し、人間の社会の中心部は「清浄さ」や「清潔さ」で支配されているが、周縁部には混沌とした「不浄」な禁忌(タブー)が存在しているとした。「穢れ」はある社会に一定の秩序を鼎立する際の副産物として生まれるものであり、それが存在したままでは社会の秩序が保てなくなるため、排除される。このように、社会は秩序を作るために適合しない異物をタブーとして排除することで成立しているが、同時にタブーとは必ず共同体の周縁に存在しているものであるといえる。つまりタブーとは、ある社会から単純に排除されたものではなく元々はその社会に属し、共同体の秩序を壊してしまう危険を持つものである。タブーに関してはジークムント・フロイト「トーテムとタブー」『フロイト著作集 三』高橋義孝他訳、人文書院、一九六九年や、メアリ・ダグラス『汚穢と禁忌』塚本利明訳、筑摩書房、二〇〇九年を参照。

(19) Heeg, Günther: Das transkulturelle Theater. Grenzüberschreitungen der Theaterwissenschaft in Zeiten der Globalisierung, in: Heeg, Günther et al. (eds.): *Momentaufnahme Theaterwissenschaft*, Berlin: Theater der Zeit 2017, p.154.

(20) 観客の躊躇する笑いについては、拙論「ドイツにおけるカヤ・ヤーナのコメディの受容」『研究年報』第三七号、慶應義塾大学独文学研究室、二〇二〇年(一三―三〇頁)を参照。

(21) Hitler: *Mein Kampf*, p.1.

(22) Ernst, Peter: Adolf Hitlers „österreichisches Deutsch“. Eine ohrenphonetische Analyse historischer Film- und Tondokumente, in: Földes, Csaba et al. (eds.): *Zeitschrift für Mitteleuropäische Germanistik*, Heft 3.1, Tübingen: Narr 2013, pp.35-40.

(23) Somuncu: *Der Adolf in mir*.

(24) Ibid.

(25) Somuncu: *Serdar Somuncu liest aus dem Tagebuch eines Massenmörders: Mein Kampf*. [Video]

(26) Ibid.

(27) Ibid.

(28) Ibid.

第二部　身振りが示唆する文化的問い

第三章　「もうひとつのフィクション」のすすめ
――岡田利規『God Bless Baseball』における異他的なリズム

三宅舞

一　フィクションの危険性と可能性

演出家岡田利規による『God Bless Baseball』[1]は、野球というスポーツ文化とそれを媒介として浮かび上がる文化的アイデンティティの問題、すなわち「自己」と「他者」の関係性の問題、そして我々を取り巻く「現実」をめぐる問題が複雑に入り組んだ演劇作品である。この作品を扱うにあたり、本論は岡田演劇における近年の重要なアスペクトのひとつである「フィクション」を出発点としたい。というのも、「フィクション」をめぐる考察は文化を問い直すにあたり重要な視座をもたらしてくれるからである。文化とは、その自明性が問われない限り固定化へと向かう傾向がある。例えば「日本文化」を「……であり、……である」というように断定的に語ることは、いつの間にかその文化像を変えようのない唯一無二の「現実」として見なすことに繋がりかねない。そしてそのように固定化されたフィクションは、真の意味での自由を侵犯する危険性を孕んでいる。[2] これに対して、本論で扱う「フィクション」は、そのような「現実」に特殊な形で干渉する。つまり、フィクションとは二義的に作用するものであるということが、ここでの議論の前提となる。フィクションとは、一方では我々が何かを「現実」として認識するプロセスに関与している。しかし、そのように認識された「現実」がフィクションの関与によって成立しているからには、「現実」はそもそも虚構的な性格を帯びているということになる。そしてフィクションは、他方ではこの「現実」の虚構性を相対的に示唆する効果も発揮するのである。

現実社会において機能している組織や制度は、それがフィクションであるにもかかわらず、人々がそれを実在するものであるかのように共有することによって成立している。ベネディクト・アンダーソンが『想像の共同体』で示したとおり、「国体」や「国家」というものはまさにその意味で実体化したフィクションである。[3] しかしその一方で、そのように共有されるフィクションは、あまりに強固に信仰されると、唯一の確固たる現実かつ我々人間という存在の根拠であるかのように認識されてしまうという危うさを抱えている。あるフィクションが社会的に定着する過程でそのフィクション性を失い実体化してしまうと、人はフィクションを自由に扱うことができなくなり、むしろそのフィクションに支配されてしまう。それは、「日本」という国家に帰属する「日本人」というアイデンティティに凝り固まるがあまりに、かえってその規範性にがんじがらめになってしまうようなことを意味する。このフィクションの危険性を認識していた政治思想史家の丸山眞男は、近代におけるフィクションの扱い方について重要な提案をしている。丸山曰く、「フィクションの意味を信ずる精神というのは、一旦つくられたフィクションを絶対化する精神とはまさに逆で、むしろ本来のフィクションの自己目的化を絶えず防止し、之を相対化すること[4]」である。丸山が推奨するこの「フィクションの相対化」は、意識的また自主的に行われることもあるが、何らかの事象の発生によって否応なしに強いられることもある。例えば、未曽有の災害やそれに伴う社会的混乱によって、それまでの価値観が大きく変わったり、当たり前のように営まれていた文化的活動が変化を余儀なくされるような場合である。そのような時、我々はそれまで持っていた世界像や文化的帰属意識がいかに相対的な「つくりごと[5]」であったかを知るのである。翻せば、このような経験によって我々は、現実とは社会の大多数が選択しているフィクションなのだという認識に至ることができる。それはまた、フィクションが――絶対化や自己目的化から逃れ、自己を相対化し続ける限りにおいて――絶対視された現実を揺るがす手段にもなりうるということである。

二　岡田利規とフィクション

岡田は、二〇一一年の東日本大震災を経験した後、フィクションとしてのドラマに対する考え方に変化が生じたことを告白している。我々が「現実」として認識・共有しているものが唯一絶対のものであるはずがない、という意識が彼の中に芽生えたのがきっかけであった。岡田は、一見揺るぎなさそうな現実の社会のあり方が何らかの手段を通じて「おびやかされたほうがいい」と考える。そして、現実の絶対性を揺るがす手段として、フィクションとしての演劇が重要であるという認識に至ったことを次のように記している。

芸術は現実社会に対置される強い何かとなりえるものであり、そしてそういった対置物が社会には必要なのだ、こんなことになってしまった社会においてはなおさら必要だ。なぜならそうした対置物がなければ、人はこの現実だけがありえるべき唯一のものだと思うように、その思考を方向づけられてしまうからだ。〔……〕現実とは「本当のこと」ではない。それは現時点においてはさしあたって最有力なフィクションである、というにすぎない。そしてフィクションとはただの「嘘」ではないし「つくりごと」ではない。それは、潜在的な現実なのだ。(6)

このように、岡田は「現実」を共同体によって選択されたフィクションとして理解している。そして、社会の危機的状況における芸術の存在意義とは、「現実」とは異なる世界像を想像する姿勢の陶冶にあると考える。この考え方に基づき、岡田の演劇は観客がリアルなものとして受容してしまいそうになる表現を、あえてそのフィクション性を強調しながら提示する。またそのことによって逆に、フィクションとして提示されているものは、ある種の「潜在的な現実」としても知覚可能になる。

文学や演劇、映画などにおいて「フィクション」とは、現実世界に直接的には参照するものが存在しない虚構の世界あるいは虚構的なものを指している（ゆえに、本論では「虚構」あるいは「虚構的なもの」もフィクションの同義語として扱う）。それはすなわち、読者・観客などの受容者がその世界像を想像し、それを虚構的なものとして受け入れることを前提としている。文学者ジェラール・ジュネットは、虚構の言表は虚構的な世界への参入を促す「誘い」「依頼」「提案」などの形式でありうるとした。例えば「昔々、小さな女の子がいました」という文は、「昔々、小さな女の子がいたと、どうか私と一緒に想像してください」と促していることにあたる。(7) フィクションのこの作用は、「物語」のような閉じられた虚構世界の内部だけではなく、我々が「現実」と認識するものにも影響を及ぼす。受容美学を代表するヴォルフガング・イーザーが指摘しているように、フィクション世界を「かのように（als ob）」という符号に入れて捉えると、受容者はそれに伴って、与えられた状況に対する自然な見方（つまり「リアル」な見方）をも括弧に入れて考えることになる。(8)

つまり、フィクションを機能させる枠組みを意識することは、「現実」とされているものを成立させている枠組みを意識することにも繋がるのである。

岡田の『God Bless Baseball』には、そのようなフィクションの枠組みを意識させる仕掛けが施されている。本作では、韓国の俳優によって韓国語で演じられる「男」が、二人の女優によって演じられる「女子A」「女子B」に野球にまつわる自らの思い出を語る場面があるが、彼らの会話がしばらく経過した後に初めて、彼が演じている役が実は「日本人」であることが明らかになる(なお、以下に引用する「男」の台詞は日本語で表記されているが、実際の上演では韓国語で語られる)。

男　〔……〕うちの親父はジャイアンツファンでさ。
女子A　ジャイアンツ。ジャイアンツって、ロッテ・ジャイアンツでしたっけ?
男　違うよ、読売ジャイアンツ。親父は東北出身なんだよね。就職を機に東京に来たんだけどさ。〔……〕
女子A　私もしかしたらちょっと今まで勘違いしてたかもしれないんですけど、あれなんですね、日本人の役なんですね。
男　そうだよ。〔強調は筆者による〕(9)

この場面は、彼が日本人の役を演じているということをあえて台詞によって暴露している。これは一見すると、いわゆる「メタフィクション」の技法、すなわち物語自体が「これはフィクションである」と自己言及的にその構造を示すことで「フィクションのフィクション性」を強調する、という典型的な技法であるように見える[10]。しかし、この場面はある演劇特有の性格により、メタフィクション以上の効果を持っている。そもそも、演劇は「あたかも」というフィクションが生じるプロセスにおいて、文学や映画などの他ジャンルよりも複雑な事情を含んでいる。というのも、そこでは作品の登場人物や劇中の場面が、(実際にはその登場人物ではない)俳優や(その場面とは違う空間である)舞台という「現実」として、観客の眼前に立ち現れているからである。つまり、フィクションを表象する「現実」が常に介在するからこそ、演劇は——伝統的には——舞台上の虚構の出来事を「そこにある」「そこで起こっている」と錯覚させること、すなわち「イリュージョン」を起こすことを目指してきた。それは、あらゆる技巧を凝らして観客の眼前の人物や出来事を「それらしく」(そこにハムレットがいたり、そこで事件が起こっているかのように)見せることに努めてきたのである。

そのような伝統的なイリュージョンの観点から捉えると、先述の場面では「男」による「日本人の役を演じている」という意外な言表によって、フィクションがねじれを起こしていることがわかる。この場面までは、彼が韓国語で話していること、また彼の韓国人「らしい」外見から、観客は彼が韓国人の役を演じていると想定して観るであろうが、それに反して台詞によって宣言される異なるフィクション(「彼は日本人である」)は、彼が体現する文化的記号(言語や外見)と合致していない。彼は日本人という役の設定を台詞という形で語ること以外には、その役を「それらしく」見せるための演劇的行為をとりたてて行わないからである。すなわち、観客が想定していたフィクションと、後から言表として提示されるフィクションの間に「ずれ」が生じるのである。この「ずれ」を認識することによって観客は、文化的記号が示唆する「それらしい」イリュージョンをむしろ自らで無意識のうちに作り上げていたことに気付くだろう。そしてさらに、我々が日常的に「現実」と思っていることも、フィクションを形成しているのと同じような形式や記号を根拠にしているにすぎないと気付かされるだろう。「現実」とは集団的に共有されているイリュージョンでもあるということを、岡田が仕掛けるこのテクスト上の遊びは我々に再認識させる。

このように、フィクションが内包している「現実」を形成する力とその危険性を、岡田の演劇はいわば「もうひとつのフィクション」を組み入れることで暴き出す。『God Bless Baseball』において、それは台詞としてだけでなく、後に見ていくように、舞台上に発生する特殊なリズムとして経験される。[11] このリズムは、例えばポップ・ミュージックなどにおいて経験されるような安定的で快感をもたらすものではなく、異質で異様なほどのラディカルさを示し、不穏な感覚さえ呼び覚ますようなものである。これをここでは「異他的(fremd)なリズム」と呼ぶ。岡田演劇では、この「異他的なリズム」が「もうひとつのフィクション」として介入することにより、「現実」のフィクション性が露呈することになる。このことを精察していく前に、次節ではここで扱う作品を概観しておこう。

【舞台写真 1】舞台上の俳優たちと彼らの頭上に浮かぶオブジェ
©Asia Culture Center-Theater/Korea (Moon So Young)

三　『God Bless Baseball』について

『God Bless Baseball』（以下、『GBB』と表記）は、韓国と日本における野球文化と、それに対する現代の若者世代の屈折した関係性を土台としている。舞台の床には野球のグラウンドを思わせる四つのベースと、それを結ぶ正方形が描かれており、舞台奥に位置するホームベースの上方には、白い大きな正多角形状のオブジェがぽっかりと浮かぶように設置されているが、これは開いた傘を内側から見たような印象も与える。[12] 登場する人物は、日本語で話す「女子A」（野津あおい）、韓国語で話す「女子B」（ウィ・ソンヒ）、韓国語で話す「男」（イ・ユンジェ）、そして日本語で話す「イチロー（?・）」（捩子《ねじ》ぴじん）である。それに加え、人物としては存在しないが、英語で話す「声」が、上演中彼らの会話に参入してくる。その「声」はオブジェが発しているように聞こえ、俳優たちもオブジェと向き合いながらその「声」と会話を交わす。また、舞台上には字幕が映し出される電光表示板も設置されており、彼らがそれぞれ日本語で話すときには韓国語、韓国語で話すときには日本語、そして英語が話されるときには日韓両言語が表示される。

本編は、野球のルールや野球観戦にまつわる思い出、日本・韓国・アメリカにおける野球の歴史やさまざまな事象についての会話で構成されている。「女子」たちは、野球に興味も知識も持ち合わせない人びとの代表として登場する。彼女たちは「男」やオブジェに野球文化について説明を請い、オブジェはその声を通じて野球の歴史的事実を解説し、「男」はルールなどを教える。その中で、たびたび若者たちの会話は自分の父親がいかに野球を愛していたかという話に至る。彼らの父親は、「仕事から帰ってきてビール飲みながらプロ野球見る」(13)という、その世代としては典型的な野球ファンである。そして彼らがそのように親の野球愛について語る中で徐々に浮き彫りになるのは、親世代と彼らの間にある野球受容についての齟齬である。「女子」たちは野球をよく知らず、「男」はこのスポーツに詳しくはあるが好きではない。それでも野球に愛着を抱く親に育てられたことで、彼らが何らかの形で野球と接しながら生きてきたことが、さまざまなエピソードによって語られる。その中において、オブジェはこの若者たちを子供に対するように教え諭し、時に褒め、正しい方向に導こうとすることで、彼らの「父」のような役割を担っている(これについては後述するが、「男」に至っては、ある時からオブジェを「お父さん」と呼ぶ)。オブジェと若者たちの間には、野球への愛着をめぐる齟齬を通じた微妙な親子関係が立ち現れるのである。

さらに、舞台上に現れるこの親子関係と重なるように見えてくるのは、アメリカ・韓国・日本の関係性である。それはまず、日韓の俳優がそれぞれの言語で発言しながら会話を展開し、そして舞台上方のオブジェが発する(ように聞こえる)「声」が英語で語る、という言語的次元に表れている。また、野球というスポーツはアメリカから日韓に伝播したものであるが、[14]メジャーリーグの試合でしばしば奏される「ミッキー・マウス・クラブ・マーチ」が上演の冒頭で流れることや、アメリカの第五一番目の州になることを目指す台湾の「五一クラブ」[15]について「イチロー(?・)」が言及することから、上演全体をとおして国際関係におけるアメリカという「クラブ」の覇権が揶揄されていることは明白である。父権的主導権を握るポジションにありながら英語で語るオブジェと、その下で野球に関する談義をただ無邪気に繰り広げるかに見える日韓の俳優たちが示す構図は、韓国と日本が(オブジェの形状も連想させるところの)アメリカの「傘」の庇護の下にありながら、その政治的・文化的影響下にあることを図式的に示しているように見える。

アメリカは第二次世界大戦後の日本と韓国(大韓民国)の建国に大いに関与してきた。[16]アメリカにとって日韓は、とりわけ東アジア戦略における重要な軍事拠点であり、両国がいわばアメリカの「核の傘」に依存した安全保障体制を敷いていることは周知のとおりである。[17]このことを背景に、アメリカは政治・経済・産業などあらゆる文化的側面において両国に影響を与えてきた。いかに占領下において国家としての自律性を阻まれ、また非対称的な同盟関係を結んでいるとしても、自国が経済発展、文化的繁栄、民主化を遂げられたことの裏にはアメリカの後ろ盾があったという意識が、両国の人々には少なからずあるだろう。そして、その過渡期のただ中にあった戦後世代の多くは、アメリカの文化およびその価値観を肯定的に内面化してきたといえる。

このように、『GBB』では親子／米日韓という二重の関係性の中で会話や出来事が展開する。そのうちに徐々に醸し出されてくるのが、三人の若者が感じる身体的違和感である。韓国も日本も、戦後以降の長い歴史を経て、「民主化は真に果たされたのか」、「安全保障の信用性は安定的なのか」、「我々は本当の意味で自由で文化的な繁栄を享受しているのか」と問わざるをえないさまざまな状況を経験してきている。舞台上の若者たちが予感させる身体的違和感は、そのような行き場のない懐疑の念が表出したかのようである。それはまた、野球という文化に対する違和感とも重なる。「国民的スポーツ」ともいわれる野球文化に、（興味のある、なしに関わらず）参加させられることへの違和感であり、ひいてはその文化およびそれが象徴する価値観をすんなりと受容している前世代への違和感ともいえる。そしてこの彼らの身体的違和感は、結果的に「異他的なリズム」として現出する。

四　規律的リズム　イチローの素振り

本作において異他的なリズムに先行して現れるのは、むしろ野球という文化規範を下支えするような安定した規則的リズムである。後に展開する異他的なリズムとの比較対象として、まずはその場面を確認したい。上演の中盤で、ダンサーの捩子《ねじ》ぴじんが登場人物「イチロー(?)」として登場する。そして彼は、登場早々に多くの日本人には馴染みのある、野球選手のイチロー(鈴木一朗)が打席に立つときに必ず行っていたお決まりの身振りを、その物真似として披露する。[18]「イチロー(?)」は、米メジャーリーグでの「成功のシンボル」のように素振りのフォームを繰り返し披露するが、この素振りは一連の身振りの連鎖によって構成されており、成功したスポーツ選手のフォームに特有の、規律的なリズムを持っている。彼は、打席に向かう前に右手に握ったバットを目の前に出し、それに左手を添え、眺める。一度素振りをしてから屈伸し、バットの先でスパイクの土を落とすように軽く両足を叩く。それから打席に向かうとベースの前の土を左足で二回払い、バットを身体の周りで一回転させてから目の前に垂直にかまえ、そのまま左手でバットを持つ右肩の袖を軽く引っ張り、そしてやっとバッティングのポーズになる。この一連

【舞台写真 2】
イチローの身振りを披露する「イチロー（?）」
（捩子ぴじん）
©Asia Culture Center-Theater/Korea
(Moon So Young)

の流れを繰り返す「イチロー(?・)」を観察することによって、観客はそれが物真似であることの滑稽さを感じると同時に、この身振りの流れ(リズム)は「イチロー」が成し遂げたような野球選手としての成功のために必要なルーティーンのフォームであることを意識せずにはいられないだろう。つまり、この動きが見せる規律的・規則的リズムは、野球のフォームという文化規範が持つリズムとして、その機能性を主張している。イチローのフォームや身体性が卓越、突出しているという意味では特異なものであるとしても、スポーツ文化の中で受容される限りにおいてはこの動きのリズムは「イチローのフォーム」という固定的な文化的身振りとして定着しているのである。

このイチローのフォームが示す規律的なリズムに対して、次節以降で分析する二つの場面は、より異質なリズムを伴っている。そのリズムは「イチロー(?・)」の素振りのように規則性・規律性を持たず、異様で、不可解で、違和感をもたらす「異他的(fremd)なリズム」である。以下にその場面を見ていく。

五　異他的なリズム(一)　自己の中の異他

上演の後半では、「イチロー(?・)」が三人の俳優に滑稽な身体エクササイズを施す場面がある。彼は他の三人に、手の指、肩、膝、鼻などさまざまな部位を順に指定し、それらが「自分じゃない」ように「想像」しながら無作為かつバラバラに動かすように促す。彼ら四人は観客席に向いて

【舞台写真 3】「自分じゃない」動きの身体エクササイズ
©Asia Culture Center-Theater/Korea (Moon So Young)

横一列に並び、各部位をぶらぶらと揺らしたり痙攣をおこしたように無秩序に動かす。該当部位がどんどん追加されていく間も、前に指示された部位は「自分じゃない」動きを続けているので、次第に彼らの身体はまともに立っていることもできなくなり、ついには床に座り込み、軟体動物か壊れたロボットのように四肢や首、顔を動かす。それはもはや体系的に統制のとれた身体には見えず、まるでそれぞれの部位が独自の意思を持って動いているようである。これは、先述の場面で「イチロー(?)」による素振りが見せた規律的なリズムに対して、常に規則から離れながらも流れていくように展開する「逸脱のリズム」を見せている。リズムとは、特定の運動の反復、その規則性をその基盤として持つ。しかし、ここで現れるリズムは、リズムのもう一つの性格である「規則性からの逸脱」を強調する。[19]それは一定の動きを反復することはないが、それでも運動の流れとしての連続性を持っているという点でリズミカルである。

この場面での身体のリズムは多くの人の目には「異他的(fremd)」に映るだろう。それは、このような無秩序な動きは我々の日常生活に現れない、すなわち社会的機能性を持たない無意味な動きだからである。先述の「イチロー(?・)」の素振りが野球という文化形態の範疇で「ボールを上手く打つこと」という意味を持っていたのに対し、ここで俳優たちの身体に見られる異他的なリズムは、文化的活動の中でなんら意味を持たない動きである。それゆえにこそ――フィクションの問題が現実認識の問題と表裏をなしているのと同じように――この異他的なリズムは、逆に我々の日常的な実生活における身体のあり方を意識させる。というのも、この場面は、我々が生まれながらにして自らの身体であると捉えているものが、文化的身振りを寄せ集めて構築されたものであることの証左でもあるからである。それは、一連の身体エクササイズの後に「イチロー(?・)」が発する「というか僕らもとから全身どこも自分なんかじゃないからね[20]」という台詞が示唆していることでもある。[21]我々が「自然な身振り」と無批判に認識しているものはア・プリオリに与えられたものではなく、文化的に構築されたものであり、社会生活を営むための「機能性」を帯びているものである。それに対しこのエクササイズでは、身体が異他的なリズムを持つ無意味な動きをつうじてそのような社会的機能性から逸脱し、そのことによってさらに文化規範からも逸脱する。ここで逆説的に示されるのは、そもそも「自己の身体」は文化的身振りが後天的に集結した結果であり、そのようなものとして初めて機能しているということである。このような意味で、「イチロー(?・)」が俳優たちに施すエクササイズは、実用的・機能的に構築された文化的身体をその軛から解放しているといえよう。

ただし、皮肉にもこれに続く場面で、三人の俳優たちは「イチロー(?・)」からエクササイズ完遂の報酬としてイチローの背番号「五一」を示すワッペンを背中に貼られ、彼のような(アメリカ的)成功の身体へと誘導される。つまり、結果的に身体は再び固定的文化の枠組みに取りこまれてしまうのである。異様なエクササイズによって一時的に現われる身体の解放状態=規律性のない状態は、それを経てまた新たにイチローのような規律化された身体にも向かいうる、というパラドクスを孕んでいる。他方、このことはこの異他的なリズムを見せる身体的遊戯の瞬間が、決して現実として固定化しないフィクションとしてのみ可能であることを含意している。というのも、このエクササイズが見せるような機能性から乖離する身体の動きは、日常的な社会生活の中で継続的に維持することはできないからである。翻せば、遊戯としての演劇という一時的な虚構の空間においてであればこそ、このような極度の異他性がシミュレーションとして実践可能なのである。

六　異他的なリズム(二)　溶ける傘

『GBB』において「異他的なリズム」が現れるもう一つの瞬間は、上演の終盤で舞台上に設置されたオブジェの表面が溶ける場面である。「女子B」が観客の方に向き、「ここまでは現実のアレゴリー。ここから先は、まだ対応する現実がない想像」と表明し、先ほど「イチロー(?)」によって背中に貼られた背番号「五一」を観客に見せ、「背中が、自分じゃない。背中の数字が、自分じゃない」と言いながら、それが違和感をもよおすかのように背中をもぞもぞと動かす。その動きは、先述の「イチロー(?)」による身体エクササイズの名残りのようである。すると、オブジェから異音が聞こえてくる。やがて、それはオブジェ自身から放出される水が立てている音だということがわかる。オブジェの表面には片栗粉のようなものがコーティングされており、オブジェ自身より発せられた水によって、その表面がゆっくりと溶け始める。しばらくして、俳優たちもホースでオブジェに水をかけ始め、その溶解を促進する。やがて溶けたコーティングは白濁の塊となり、「ボタッ、ボタッ」と音を立てながらゆっくりと時間をかけて床に落ちる。その音は、塊の大きさや落ちるタイミングによって音量もテンポもまちまちで、不規則なリズムをなしており、俳優たちも観客もしばらくはその様子をただ眺めることになる。

　このオブジェの溶解を契機として、「男」はオブジェにホースで水をかけながら、その「父」に向かって次のような告白を始める。

　あの、お父さん。お父さんは野球が好きだったですね。だから子どものとき、僕も野球を好きにならなくちゃいけないんだ、と思ってました。でも僕は野球が嫌いになってしまいました。

お父さん、ごめんなさい(22)。

これは、彼がひそかに抱えていた野球文化に対する違和感を初めて表明する場面である。この表明を通じた「子」のささやかな抵抗と、ただゆっくりと不規則なリズムをたてながら溶けていくオブジェによって、それまで舞台上に成立していた関係構造が少しずつ瓦解していくかのようである。それはもちろん、親子関係と重なり合うように暗示されている三国間の関係にもあてはまる。

先述のとおり、本作が示す一連の比喩的表現から、米・日・韓の力関係を読み取ることは、その文脈を共有する者にとっては容易である。その連関の中で父的存在を暗示しているかのようなオブジェが不規則なリズムをたてながら解体していくさまは、アメリカが――自主的にせよそうでないにせよ――日韓両国に対する主導的地位を失う、という「可能な未来」の暗喩であると解釈できるだろう。その点から、この演出を分かりやすい政治批判を主旨とした作品であると見る向きもある(23)。しかし、『GBB』は本当に単なる現状の政治批判として受け取られるべき作品だろうか。異他的なリズム、またそれによって可能になる「もうひとつのフィクション」の経験に着目すれば、三国間の政治的力関係の脱却を目指す革命論(「日韓でアメリカの傘の下から出よう！」)や、まことしやかな未来予想(「アメリカの覇権はきっといつか崩壊するぞ」)に本作を回収することはできない(24)。岡田がここで提示しようとしているのは、熱狂的な政治的パロールや未来の青写真ではない。そもそも、そのような政治的主張はともすれば「真の独立国家として自立する」という結論に結びつけられ、さらに「そのためには我が国も核武装すべきだ」というような議論に巻き込まれかねない。そのような言論は、歴史的には一九五〇年代以降の反安保闘争における「民族ナショナリズム」や、九〇年代以降にアメリカ依存の国家運営から独立するために日本の核武装を主張したネオ・ナショナリズムなどに代表されるものである[25]。このような言説が立脚しているのは確固たる「国家」像であり、また国際スタンダードに適う軍事力が独立国家の条件であるという「現実」である。これは、「核の傘による安定」という「現実」とは内容が異なるだけの、また別の「現実」なのである。これもまた実体化したフィクションとしての「現実」にすぎず、『GBB』が異他的なリズムによって揺るがそうとしている「現実」(丸山の言葉に戻れば「絶対化したフィクション」)のバリエーションのひとつにすぎない。『GBB』は、このような「現実」同士の闘争に参加しているのではない。むしろ本作が追究しようとしているのは、「現実」として共有されている世界/文化像への無批判・無条件の信仰を相対化するような「遊戯」の持つ潜在力ではないか。

七　抵抗としての「もうひとつのフィクション」

演劇制作における岡田の関心が、異なる世界認識に立脚した「現実」を衝突させ合うことにあるのではないことは、彼の次の文章にも表れている。

その頃〔「三月の5日間」初演当時、二〇〇四年頃〕の僕の関心はリアルを増幅させて独自の表現に届くことにあったと言える。今はリアルと対置され、それと拮抗しうる〈想像〉をつくることに僕の関心はある。〔強調は筆者による〕(26)

「国家」という実体のない想像の共同体のように、「現実」とされるものが社会においてそれとして定着し共有されているフィクションであるならば、岡田が『GBB』で行っていることは、「もうひとつのフィクション」の導入であろう。

しかし、「国家」や「核の傘」が「実体化したフィクション」ではあるにしても、それは大多数に共有された強固な「現実」でもあり、容易に変革できるものではない。その中で、単なる夢物語や逃避主義に陥ることなく、「もうひとつのフィクション」が可能にすることとは何であろうか。それは、そのような「現実」に対して正面から対立するのではなく、「現実」が内包する「規範」や「意味」と少しずつ関係をずらしながら、「異他なるもの」、異なる可能性としてそれに干渉し続けることである。これは「現実」の絶対性に対してフィクションが実行しうる「抵抗」のひとつの形である。そして、「もうひとつのフィクション」の継続的な「ずらし(逸脱)」の動きを可能にするのがリズムである。「国家」像や「国民性」のように、自明な「現実」であるかのように思われ、ゆえに他への移行可能性を拒否するようなフィクションが存在するのに対し、「もうひとつのフィクション」は、一見何の意味も持たないようなラディカルな遊戯性によって「現実」の枠から逸脱するような「異他的なリズム」として現れる。『GBB』でそのような「もうひとつのフィクション」として現れるのは、身体の部位がそれぞれバラバラに動き、社会的機能性を失うほど混乱した身体状態であり、また舞台上の関係性のバランスを保つ一極であるオブジェの解体である。そしてこれらの虚構的かつ遊戯的現象は、それぞれ不規則で異様な、ゆえに強烈に印象に残るリズムを持っている。このリズムは、観客の知覚にうったえることでその違和感の要因に考えを巡らすことを促す。これは、虚構としての構造を自己言及することによって「フィクションのフィクション性」を意識化させるという(メタ)フィクションの方法を越えた、リズムの身体的感知を通じたフィクションの実践的再検討である。

重要なのは、ここで扱ったような「異他的なリズム」を伴う遊戯的場面もまた、あくまで一時的にのみ現れ共有されるフィクション、すなわち実体化に向かわないフィクションとして提示されているということである。それは、「この状況、この身体、この価値観が唯一の現実である」という幻想を絶対化しようとするフィクションに対して、あえて自らの遊戯性・逸脱性・一時性を強調するフィクションである。このフィクションは、「現実」として我々の意識に固定化することを自ら放棄している。それゆえにこそ、それはさまざまに姿を変えながら継続的に「現実」に干渉し続けることができるのである。フィクションがこのような抵抗の可能性を秘めていることを示唆するのが、岡田の演劇において「異他的なリズム」として現れる「もうひとつのフィクション」である。

註

（1）本作は、韓国・光州市にオープンした「国立アジア文化殿堂」の開幕フェスティバルの委嘱を受けて制作され、二〇一五年九月に施設内の「アジア芸術劇場」において初演をむかえた（二〇一五年は、日韓国交正常化五〇年の節目にもあたる年であった）。その後、アメリカ、日本、ヨーロッパなど世界各国でも上演された。筆者は、二〇一五年一一月開催の「フェスティバル／トーキョー」、そして二〇一六年九月にドイツのブラウンシュヴァイクで開催された演劇フェスティバル「Theaterformen」の二回にわたり、本作品を鑑賞している。

（2）固定化された文化と自由の問題、文化の自明性を問い続ける必要性とその方法については、平田栄一朗による序章を参照されたい。

（3）ベネディクト・アンダーソン『定本　想像の共同体――ナショナリズムの起源と流行』白石隆／白石さや訳、書籍工房早山、二〇〇七年。

（4）丸山眞男『〔新装版〕現代政治の思想と行動』未來社、二〇〇六年、三八七―三八八頁。

（5）同書、三八二―三八三頁。丸山は、フィクションの語源である fictio がもともと「形作る」「工夫する」という意味であり、よってフィクションとは本来は「ある目的なりアイディアの上に何かをつくり出すこと」だったことを指摘している。

（6）岡田利規『遡行　変形していくための演劇論』河出書房新社、二〇一三年、二七―二八頁。

（7）ジェラール・ジュネット『フィクションとディクション――ジャンル・物語論・文体』和泉涼一／尾河直哉訳、水声社、二〇〇四年、四五頁。

（8）ヴォルフガング・イーザー『虚構と想像力――文学の人間学』日中鎮朗／木下直也／越谷直也／市川伸二訳、法政大学出版局、二〇〇七年、三八〇頁。

（9）岡田利規『三月の5日間［リクリエイテッド版］』白水社、二〇一七年、一二四頁。

（10）「メタフィクション」論の古典としては、以下の文献が挙げられる。パトリシア・ウォー『メタフィクション――自意識のフィクションの理論と実際』結城英雄訳、泰流社、一九八六年。また、批評家の佐々木敦は「メタフィクション」研究の歴史的変遷を総括しているが、それと同時に、近年においては手法としてのメタフィクションが袋小路に陥っており、新たなフィクションの形が必要であると批判的視座でこれを論じている。佐々木敦『あなたは今、この文章を読んでいる。

――パラフィクションの誕生』慶應義塾大学出版会、二〇一四年。

(11) 「フィクション」という言葉は、物語の筋展開のように「語り」の形で構築されるものとして捉えられることが多いように思われる。例えば、アリストテレスの詩学論を継承・発展させたジェラール・ジュネットは、詩学・文学におけるミメーシスおよびフィクションの問題を扱っているが、劇的虚構(演劇におけるフィクション)はその純粋状態においては「虚構の作中人物たちによってなされる(言い換えるなら彼らに帰せられる)言説から成り立つ」としている(ジュネット『フィクションとディクション』三九―四〇頁)。しかし、特に現代演劇における虚構的なものは、ドラマ的テクストだけでなく、視覚的・場面的なあらゆるメディア的要素によっても成立することが今日では指摘されている。Birkenhauer, Theresia: Fiktion, in: Fischer-Lichte, Erika / Kolesch, Doris / Warstat, Matthias (eds.): *Metzler Lexikon Theatertheorie*, Stuttgart / Weimar: Metzler 2005, p.108. また、ヴァーチャル・リアリティなどによって人間の知覚的受容のあり方が大きな変化を遂げつつある現代のメディア社会は、非―文学的フィクションの増加をひとつの特徴としている。Metzger, Stephanie: *Theater und Fiktion. Spielräume des Fiktiven in Inszenierungen der Gegenwart*, Bielefeld: transcript 2010, pp.41-7.

(12) 舞台美術は美術家高嶺格によるもので、高嶺がこれ以前にアメリカを題材にして制作したクレイアニメの映像作品『God Bless America』が『God Bless Baseball』にインスピレーションを与えたという。ドラマトゥルク　イ・ホンイによるレポート　https://spice.eplus.jp/articles/16356(閲覧日二〇二〇年九月一三日)

(13) 岡田『三月の5日間[リクリエイテッド版]』一三七頁。

(14) 上演内の台詞によって共有される情報としては、アメリカから日本へ初めて野球がもたらされたのは一八七三年、そして韓国に関しては一九〇四年であり、両国でプロ野球リーグが設立されたのはそれぞれ一九三六年(日本)、一九八二年(韓国)とされている。

(15) 「アメリカの五一番目の州になること」を目指して一九九四年に台湾で設立された団体。

(16) 日本は第二次世界大戦終結とともに大日本帝国としては解体し、その後はアメリカの占領統治の下、現行の憲法やその他諸制度の成立を遂げた。また、韓国はそれまでの日本による植民地支配から解放されたが、新たな国家樹立のプロセスの中でアメリカによって介入され、結果的に資本主義的かつ親米的な国家体制を持つ「大韓民国」として独立する一九四八年までは、アメリカによる軍政を布かれていた。

(17) 米軍の駐留については、日本では戦後の占領統治の解除にあたり一九五二年に調印された日米安全保障条約、また韓国では一九五三年の朝鮮戦争休戦にあたり署名された米韓相互防衛協定を契機としている。これらの歴史的経緯およびアメリカの東アジア戦略については膨大な資料があるが、以下にその一部を挙げる。久保文明／赤木完爾編『アメリカと東アジア（現代東アジアと日本６）』慶應義塾大学出版会、二〇〇四年。J・ハリデイ／B・カミングス『朝鮮戦争――内戦と干渉』清水知久訳、岩波書店、一九九〇年。島川雅史『アメリカ東アジア軍事戦略と日米安保体制』社会評論社、一九九九年。ジョン・フェッファー『アメリカの対北朝鮮・韓国戦略――脅威論をあおる外交政策』栗原泉／豊田英子訳、明石書店、二〇〇四年。和田春樹ほか編『アジア諸戦争の時代　一九四五―一九六〇年（岩波講座　東アジア近現代通史第七巻）』岩波書店、二〇一一年。また、アメリカにおける核抑止論および東アジアや欧州での核ガバナンスについては、以下を参照。菅英輝／初瀬龍平編著『アメリカの核ガバナンス』晃洋書房、二〇一七年。

（18）この「イチロー（?:）」の身振りが持つフィクションとしての性格は多層的である。「イチロー（?:）」は（役名にある「（?:）」もほのめかすとおり）米メジャーリーグで活躍した野球選手イチロー本人の役ではない。彼は、一連の身振りを披露する前に、これが「イチローのまねが超絶うまいニッチロー」っていう日本人の芸人」の動画を見て研究した成果であることを事前に表明するのである（岡田『三月の5日間［リクリエイテッド版］』一二六頁）。つまりここで彼が披露する身振りは「イチローの真似をするニッチローの真似」であるという点で二重の物真似になっている。いわば「コピーのコピー」であることをあえて強調することは、これがイチローその人の身振りであるというイリュージョンを惹き起こすことや、それが「リアルなもの」として受容されることを妨げる。このように、自らの虚偽性を強調する点においては、この身振りは自らのフィクション性を誇示するフィクション、すなわち実体化から逃れ続けるフィクションであるといえる。ただし、ここでの「イチロー（?:）」の身振りが発揮するフィクション性は、あくまで限定的である。というのも、いかに物真似としての虚偽性を呈しているとはいえ、その身振りが示す性格は、野球という文化規範における意義、すなわち「上手く打つための身振り」であるという意義をもって認識される点において、この文化規範を下支えしているからである。

（19）演劇学者パトリック・プリマヴェジは、この「規則性からの逸脱」というリズムの性格を扱う論者のひとりである。そしてリズムの「ずれ」や「中断」が、現代演劇においては舞台上の事象に批判的に切り込む効果を発揮し、創造的な瞬間を生むとしている。Primavesi, Patrick: Markierungen. Zur Kritik des Rhythmus im postdramatischen Theater, in: Brüstle, Christa / Ghattas, Nadia / Risi, Clemens / Schouten, Sabine (eds.): *Aus dem Takt. Rhythmus in Kunst, Kultur und Natur*, Bielefeld: transcript 2005, pp. 249-68.

（20）岡田『三月の5日間［リクリエイテッド版］』一六三頁。

（21）社会学者の吉見俊哉によれば、「日本」という歴史的主体が現代においては分裂・崩壊しているのではないか、という問いが一九九〇年代以降浮上してきた。そもそも歴史的主体というものは所与のものではなく、想像・構築されてきたものであり、それを背景として、一九九〇年代以降の日本では、「日本」や「国民」はもはや問いの前提ではなく問いの対象となった、というのが吉見の指摘である。そしてそのプロセスの中で、歴史修正主義などのネオ・ナショナリズムの動きや、それに対抗する運動などが発生したという診断を彼は行っている。吉見俊哉『ポスト戦後社会』岩波書店、二〇〇九年、二一九―二二二頁。

（22）岡田『三月の5日間［リクリエイテッド版］』一六九―一七〇頁。

（23）文芸・演劇評論家の友田健太郎は、アメリカの覇権国としての支配が終わりかけている現在だからこそ、このような「アメリカ従属」への批判的視座が前面に出てきているのであり、『God Bless Baseball』も「その一つの傍証」であると解釈する。しかし、「わかりやすい仮想敵を設定してそれを批判・攻撃するのは政治のやり方である。〔……〕演劇には、その先を求めたい。岡田利規だったらなおさらだ」と辛辣な論調でその批評を締め括っている。https://theatrum-wl.tumblr.com/post/135112827586/%E5%8A%87%E8%A9%95%E9%87%8E%E7%90%83%E3%81%A7%E8%AA%AD%E3%81%BF%E8%A7%A3%E3%81%8F%E6%97%A5%E9%9F%93%E7%B1%B3（閲覧日 二〇二〇年九月一三日）

（24）この問題においてアメリカを外的存在として弾劾するだけでは、十分な議論はできないだろう。社会学者の大澤真幸によれば、戦後日本にとってのアメリカは超越的な他者＝「第三者の審級」（共同体の「現在」に意味を与えるもの）であった。ここで大澤がいう「第三者の審級」とは、「規範の妥当性を保証する、神的、あるいは父的な超越的他者」のことをいう。大澤真幸『不可能性の時代』岩波書店、二〇〇八年、一六七頁。その意味では『GBB』のオブジェは「第三者の審級」が顕在化したものであると理解できよう。ただし、それは完全に「外部からやってきた他者」としての審級ではなく、日本人や韓国人の中に内面化された他者であるといえる。『GBB』の劇評を書いた森井マスミも、その議論の中で、アメリカがアジア諸国にとってもはや「外部」ではなく「一部」であり、そのことがこれらの国々を文化的植民地から脱却させることを困難にしている原因であると指摘している。森井マスミ「『戦前』の復活とアレゴリーの可能性――岡田利規作・演出『God Bless Baseball』」、『シアターアーツ』六〇号（二〇一六年春号）、晩成書房、五九頁。

「内なる他者」としての審級は、先に本文内で引用した「男」の告白にも表れている。彼が父親と同じように「僕も野球を好きにならなくちゃいけないんだ」と思っていたというのは、フロイトがいうところの「超自我」の問題を彼が長らく抱えていたことを意味するだろう。「超自我」とは、子がエディプス・コンプレックスの過程で親との同一化によって自我の中に「沈殿」として抱えることになる「良心」や「無意識的罪責感」である。つまり、これは我々の中に埋没しながら強力な影響力を持つ「内なる他者」との対峙の問題であるといえる。ジークムント・フロイト「自我とエス」、竹田青嗣編『自我論集』中山元訳、筑摩書房、一九九六年、二〇一―二七二頁。

(25) しばしば反米感情と結びついて展開したこのような言論運動については以下の文献を参照。吉見俊哉『親米と反米――戦後日本の政治的無意識』岩波書店、二〇〇七年。小熊英二『〈民主〉と〈愛国〉――戦後日本のナショナリズムと公共性』新曜社、二〇〇二年。

(26) 岡田『三月の5日間［リクリエイテッド版］』一七五頁。

第四章　舞踏文化を動かすには

――川口隆夫と田辺知美の『ザ・シック・ダンサー』における踊る主体と観客の視線(1)

宮下寛司

文化としての舞踏の現在

二〇一九年八月から九月にかけてベルリン芸術アカデミーにて、舞踊の複合的プロジェクト「身体が想起させるもの。舞踊遺産のアクチュアリティ(Was der Körper erinnert. Zur Aktualität des Tanzerbes)」が開催された(2)。「ベルリン世界文化の家」の総監督ヨハネス・オーデンタール、ベルリン自由大学演劇学教授ガブリエレ・ブラントシュテッター、そしてシンガポール出身の演出家オン・ケンセンらが芸術監督となり、西洋においてモダンダンスが誕生してからの百年を振り返り、その保存と継承を問うことをテーマとした。百年史における舞踊家の一覧[3]には、マリー・ヴィグマン、イヴォンヌ・レイナー、ジェローム・ベルなどと並んで、大野一雄(一九〇六―二〇一〇)と土方巽(一九二八―一九八六)も含まれていた。両者は舞踏の創始者であり、現代においてもなお影響力のある伝説的な舞踏家である。一九六〇年代から「暗黒舞踏」と呼ばれ、その独特のスタイルで異彩を放つ舞踏は、西洋的な舞踊が主流であった戦後の日本の舞踊の文化に大きな衝撃を与えた。一九六八年に日本青年館で披露された土方巽の舞踏公演『土方巽と日本人――肉体の叛乱』は、そのことを知らしめる象徴的な出来事となった。舞踏はその後ヨーロッパを足がかりに世界へ広められ、同じような衝撃でもって迎え入れられた。今までにないアプローチで日本の舞踊界に対する挑戦として現れ、二〇世紀の舞踊文化の一つとして世界的に認知される舞踏が、日本文化に「固有[4]」の舞踊とみなされることに異論の余地はないだろう。

しかしながら土方が死を迎えた一九八六年以降、日本の「コンテンポラリーダンス[5]」において舞踏はかつての求心力を徐々に失っていったように見える。舞踊家が持つスタイルの出自が多様となったこと、そして土方や大野の舞踏を直接に経験したことがない舞踊家も多くなったからだ。大野も亡くなってしまった現代においては、その革新を続けていくと同時に継承や歴史の再検討が必要となってきている。つまり革新的であった舞踏が今となっては歴史化され、文化として成り立つことで、現在のコンテンポラリーダンスに影響を及ぼす側面を考慮すべきであろう。また多くの言説や歴史的資料などが集まり、舞踊文化の一分野として舞踏が確立した事実も踏まえなければならない。

一方、現代の舞踊家は今どのように舞踏文化と向き合っているのだろうか。現代の舞踊家の多くは舞踏文化の価値観を伝える言説に触れているが、伝説と化した舞踏をもはや直接に経験することができない。舞踊とは、踊ってしまえば消え去ってしまうものだからだ。したがって、舞踊の上演それ自体は文化の客体になりえない。その立ち現れて消えゆく踊り一つ一つをめぐって、それを取り巻く観客の多様な言説や資料が蓄積され続けることで「舞踊文化」なるものが生まれ、継承されていく六十年代から八十年代における舞踏を文化の範とするならば、現代の舞踊家はこのような歴史的・文化的実情と相対することになる。

本論では、現代の舞踊家はこのような状況にある舞踏文化とどのように向き合うことができるのかという問いを検討する。二〇一二年に初演を迎えた川口隆夫と田辺知美によるパフォーマンス『ザ・シック・ダンサー』はまさしくそのような問いに向き合った作品である。この作品の分析を通じて、先の問いを「舞踏文化において舞踊家はいかにして主体的個人として振る舞うことができるか」という問いに捉えなおしたい。本論で明らかにすべきは、現代の舞踊家がいかにかつての舞踏の姿を取り戻すことができるかということではない。むしろ、川口／田辺のパフォーマンスが示唆するのは、舞踏文化の構築の最中にいる舞踊家が踊る主体として成立し、観客に承認されるプロセスである。ただしその可能性は、舞踏の(新しい)身体像を呈示することではない。それはまた、既存文化と化した舞踏がそれに取り組む現代の舞踊家にもたらす文化的な重みと、そこからの解放の身振りを呈示するわけでもない。川口と田辺は、舞踏へ取り組む身振りを通じて、舞踏文化の内にある諸要素の規範的な結び付きを明らかにし、それが舞踏を舞踏文化として成立させていることを観客に示唆する。とりわけ川口の踊りは、舞踏文化が成立することにどのような前提が隠されているのかという問いを観客に投げかけているように思われる。

本論では、文化の中に身を置くことで初めて舞踊家が自律し主体となることの二重性を重視する。この二重性はモダンダンスにおいて顕著になった。舞踏を含むモダンダンス以降の舞踊は、数多くの舞踊家によって伝統に縛られない自由な表現をもたらすとみなされてきた。個人の自由な舞踊表現が継続して続けられていくと、それはスタイルやテクニックあるいは振付へと発展していき、一個人を超えた舞踊文化の特徴とすらみなされることもある。舞踊文化とは、個々人の舞踊家たちによる個々の上演以後も残り続けるスタイル・技術・振付と、それらを継承しつつ刷新する踊りの継続性である。社会の中で舞踊文化が存続するのは、先達の諸要素を体得した身体を舞踊家が呈示し続けるからであり、そのような舞踊家は文化の担い手として認められる。主体的個人がある舞踊文化において舞踊家として自由に見えるように表現する、すなわち振る舞うことができるのは、――それがすでにあるものであれ、新しく開発されたものであれ――スタイル・テクニックや振付を身に着けたからであるといえる。舞踊表現の自由は身体の規則へ従属することを前提としているのである。「Subjekt」という語が「主体」や「主題(テーマ)」を意味する一方で、本来「下位に位置する者」を示すように、何かに従属することで主体は成立するのである。舞踊文化と、このような主体としての個人（とその身体）との関係は、川口／田辺のパフォーマンスに限らず、広く認められる。同パフォーマンスを検討する前に、舞踏におけるこの関係性を確認したい。

舞踊家という主体になるには

ある人が舞台上である舞踊文化に属する舞踊家主体としてみなされるためには——社会の中で言葉を話してコミュニケーションをはかるように——スタイルやテクニックあるいは振付を体得した身体像を観客へと呈示しなければならない。上演において舞踊家が踊る主体として観客に承認されるには、一定の規則に基づいて身体を規律づけることが必要なのである。身体を規律づけたうえで演劇的状況のコミュニケーションに参加する観客の視線へ自らを委ねなければならない。身体像を見るという観客の行為は舞踊美学の条件に従っており、その条件とは批評などの言説的実践において現れる。そうした言説は上演を通じて書かれることになるが、これらも舞踊文化の一部となり、美学的言説へと取り込まれることで観客の受容のありかたを構成する。言い換えれば、単なる踊る身体の記録ではなく、どのように身体を見るかということへと寄与するのである。舞踊文化のうちで踊る身体像は、上演のみならずそれらをとりまく行為によって具体的に形成されてくるのである。

上演において踊るという実践的行為の担い手こそが、舞踊家という主体である。それは、舞踊家自身のアイデンティティとは異なるもので、踊る主体となって初めてその舞踊家個人のアイデンティティや創造性が付与されて、承認の過程へともたらされるのである。ある個人は規律づけられた身体を舞台へ上げて初めて「踊る主体」としての身体を観客に承認させるのだと一般的に言えるだろう。[6]そして「踊る主体」とは、その舞踊家の個性に先立ち、上演における舞台上のコミュニケーションでのカテゴリの一つともいえる。土方の言「舞踏とは命がけで突っ立った死体である」や「衰弱体」などに代表されるように、舞踏が西洋的な舞踊の規範と異なる実践を模索していたとしても、舞台上のコミュニケーションの形式は共通している。そのため以下においては、とりわけ土方の方法論における舞踏身体を形成する実践を簡単に概観し、舞踏主体の構成要素を確認する。[7]その際留意すべきは、舞踏は西洋のモダンダンスの系譜にあり、舞踊のメディウムに関する規定もそこから大いに影響を受けていることである。そのうえで舞踏は当時の日本社会への批判的応答として、自律的方法論を舞台上の実践と言説化への実践によって確立してきたのだ。

舞踏の萌芽は一九五〇年代に大野一雄が当時学んでいた舞踊家・江口隆哉から距離をおくことによって始まった。当時の日本の舞踊はドイツ表現主義舞踊を中心としたモダンダンスの影響下にあった。身体的技法のみならず舞踊美学的な規範もまた同様であった。すなわち、舞踊を規定するのは身体運動を客体化することによって生まれる運動美学である。そしてモダンダンスが到達しようとしていたのは、舞踊家が生み出すエネルギーや内面的情動を共感において把握することであった。大野一雄はこのような舞踊美学に基づくモダンダンスから離れて、独自の舞踊を模索していた。

一九五〇年代に大野一雄と土方巽は出会うのだが、土方も大野の目指す方向を共有していた。土方は、当時の戦後復興期にあり高度経済成長期へと向かう社会で、舞踊家が時代状況に適切に応答する表現を見いだせていない状況を乗り越える新たな方法を模索していた。その方法とは、身体に内在する独自の時空間を発見し、舞台へもたらすというものである。そうした強い自律性が身体への意識を変容させ、社会的抵抗として意味を持ちうる。すなわち、芸術的にも社会的にもあらゆる意味において自律する舞踊身体が必要とされた。これこそが暗黒舞踏であった。芸術的な自律とは、モダンダンスが備える舞踊美学を純化させることで達成されうるというのが土方の目論見であった。舞踊家の内面性の発露とその感受をモデルとするのではなく、身体の運動それ自体の知覚を美学的なモデルとしたのである。(8) 既存の社会に対するアンチテーゼでもあり、新しい舞踊としても自律する身体は、実際にはどのようなテクニックを用いるのか。土方は瞬発的な動きや硬直した身体像を模索した。モダンダンスでは流れるような動きや有機的な構成が規範的に求められたが、土方はそれと異なる舞踊身体の原理として、たとえば石のような身体像を模索した。このような身体像を獲得し伝達させるのは、身体的な経験を通して獲得された言語であった。その言語に基づき「舞踏譜」が作り出され、土方の下にいた若き舞踏手らはそれを用いて舞踏の身振りを学ぶことができた。西洋の振付が幾何学的な記譜として踊る身体の動きをいわば「外から」把握させたのに対して、舞踏譜の言語イメージは身体の動きを客観的に記録したわけではなく、舞踏家個人に内在する舞踏言語内での解釈に委ねられる。物それ自体としての身体的経験へと到達するのは、舞踏家の主観から発せられるイメージとしての言語であった。舞踏において用いられる言語はそのような主観的イメージであり、多くの言説はアレゴリカルに作用する。舞踏文化が成熟する七〇年代後半にはこのようなアレゴリカルなイメージとしての身体像が完成していたと言ってよい。この経緯を踏まえて、土方は一九七〇年代に舞踏に関する自伝的理論書『病める舞姫』を執筆するが、そこに記されるアレゴリーの織物のような言語表現は、舞台上での実践に並ぶ規範的な言語的実践のありかたと符合しているといえるだろう。舞踏家は、土方の開発した身体的語彙とアレゴリーとしての言語を頼りに舞踏家としての身体像を獲得しなければならない。法のような一般的妥当性を志向するのが西洋的な振付であるのに対して、普遍的で象徴的な意味を有さず、常に各舞踏家の内省的な模索でもって機能するのが舞踏譜である。

舞台の上で舞踏家という個人が表現することとは、このような舞踏の日々の身体的実践と思想的コンセプトからの要求を満たす必要がある。それらはまさしく舞踏文化を形成するものでもあり、身体が舞踏文化へ従属することでもって舞台上に踊る主体が現れる。そして主体であるためには演劇的な状況で見られ／聞かれなければならないが、その主体が文化内部の規範的ありかたへと還元されきってしまうわけではない。舞踊家が試みるのは、すでにある文化的身体像を舞台上で見せることで、すなわち身体像の反復によって、意識的にも無意識的にもその身体像自体を検証させるのである。舞踊家は文化に自らの身体を従属させるために、稽古を行う。稽古を通じてそのような主体を形成するのであり、その過程でテクニックを反復してもいる。舞踏家が個々に眠る身体的経験を発露することで、その身体に固有なものが立ち現れるように見える、そのような姿はあらゆる慣習を撥ねつける自由の表現にも見える。しかしこの自由も舞踏の文化的了解に基づいて成り立つのである。身体的メソッドやテクニックが舞踊家の身体を用いて体現されることで、舞踏文化とのコミュニケーションが始まるのである。

舞踏それ自体が文化として成立するには、その方法論と言説が規範となり作用して、舞踊家が自らの身体をその規範へ従属させ、そのような踊る主体が舞踏の踊り手として観客に承認されるというプロセスが必要となる。舞踏の当時にして革新的な方法論は現在、文化の規範として作用する。舞踏文化がこのように個人へ働きかける作用を認めたうえで、冒頭に述べた舞踏の現状を問い直すことができる。つまり、問いはこのようになる——創始者を失い、日本のコンテンポラリーダンスにおいて必ずしも求心的な役割を果たせなくなった舞踏が、形骸化することなく、一舞踊文化として生き延びられるとしたら、それはどのようにして可能になるのか、舞踊家がそのような文化に参画して踊ることに意味があるとしたら、それはどのようなものか。

本論では、川口／田辺のパフォーマンスを現代における舞踊家の舞踏文化における振る舞いの実践例として捉えるが、川口の踊りは必ずしも「舞踏的」といえない。しかしこのことが意味するのは、新しい舞踏の身体像を舞踏文化に加えることで舞踏の定義を拡張することではない。もしこのように論じるのであれば、文化に潜む問題を批判的に問うことなく温存させ、このパフォーマンスを舞踏文化の周縁に位置付けるだけに終わってしまう。また同時に、川口のパフォーマンスは確かに舞踏文化の内部にあるが、何らかの舞踏の本質を体現しているともみなせない。むしろこのパフォーマンスが問いかけるのは、舞踏文化がいかに構成されているか、そしてそれは個人に働きかけるうえでどの程度有効なのかということである。舞踏を踊りながらも、その内実においてあるべき舞踏家の主体が見出されないというギャップは、舞踊学者クリスティーナ・ターナーによれば、「演劇的に自由に見える『私』、すなわち、そうはいっても舞踊の慣習に従属した主体は、自らの意志によって規範化されたコンテクストにおける他なるものとして振舞い、それによって価値を転倒させるような遊戯空間を形成する」[9]ことを可能にするのである。以下では川口／田辺のパフォーマンスを分析し、その実践に示唆される舞踏文化への問いかけを明らかにしたい。

『ザ・シック・ダンサー』の振付的戦略[10]

『ザ・シック・ダンサー』は田辺知美と川口隆夫によるデュオパフォーマンスで、二〇一二年のWhenever Wherever Festivalにおいて初演された[11]。二〇一一年より同フェスティバルにおいて企画された『病める舞姫』に応じて作られた。その試みの目的は「『病める舞姫』をノーテーション（舞踊譜）にすることで、舞踏のメカニズムの普遍性を探る」ことであり、さらに同年のフェスティバル内のプログラム「ノーテーションシリーズ」と課題を共有している。

『病める舞姫』は一九七七年から七八年にかけて、土方巽が雑誌『新劇』に連載したテクストである。その後八三年に白水社から一冊の本にまとまって出版された。彼の生まれ故郷である秋田を

『THE SICK DANCER』北千住 BUoY にて木村雅章が 2018 年 2 月 9 日撮影
©Masabumi Kimura

舞台とし、かつての少年からみた光景を描いている。その文体は非常に晦渋で、彼が晩年にかけて目指した舞踏表現のありかたをテクストにおいて表現しているといえる。それゆえこのテクストはしばしば土方の伝記であるのみばかりか、一種の理論書として読むことができる。このテクストを題材とした舞踊やパフォーマンスは国内外で何度も試みられており、その表現例は非常に多様である。おそらくこのことは、決定的な実践例を作り出すことが難しいことを暗示している。

二〇一二年の Whenever Wherever Festival のキュレーターでもある田辺は、土方巽に師事した舞踏家である。一方で川口は実験的なパフォーマンスグループ・ダムタイプにおいて活動したパフォーマーであり、舞踏家と呼ばれるような経歴は経ていない[12]。舞踏に対して異なる経歴を持つ二人は、『ザ・シック・ダンサー』における身体の用い方も対照的に異なるように見える。インタビューで川口は意識的に対比を生じさせる意図を次のように述べる。

僕が自分の作品でコラボレーションをする時、参加するクリエーターそれぞれにコンセプトがあって、互いがどう切り込んでいって、どう変換させれば違うダイナミズムで新たな作品として提示できるか、ということをすごく考えます[13]。

二人を繋ぐのは『病める舞姫』に幾度となく描写される畳というモチーフである。この畳の扱い方もまた対照的に異なっているといえる。

パフォーマンスは、観客によって四方を囲まれ、畳が一畳敷かれた以外には何もないスペースで始まる。その上に顔から全身までを薄いタイツで覆った田辺が横たわっている。彼女は硬直した身振りを保ちながら、手足をゆっくりと動かしていく。起き上がることは難しく、座ることはできるがまたしても痙攣しながら横たわってしまう。畳の上にぶらさがったマイクはその動きの音を拾い反響させ、硬質で軋むような音は会場全体を緊張させる。まるで脱皮をするようにタイツを破りながら、体を徐々に起こそうとする。こうした身振りは「そもそも立つこと自体が難しい」と述べた土方の舞踏身体像に即していると言えるだろう。

ようやく立ち上がり歩き始めると、赤い長襦袢で上半身をすっぽり覆い、赤いジャージズボンを履いた川口が割り込んでくる。田辺を羽織で覆ってしまい、引き寄せ取り込んでしまう。そうして二人は畳の上へ倒れこみ長襦袢の中へもぞもぞと消え失せる。女性が長襦袢とともに退場すると畳の上に残されたのは、後頭部には「へのへのもへじ」のような滑稽な顔が描かれ、こぶだらけの橙色のマスクをつけた半裸の川口だけだった。

川口がそのような姿を晒すしてふたたび姿を現すと、会場は暗くなり、床面へ欧文のテクストが投影され、川口自身によって朗読された『病める舞姫』の音声が再生され、会場に響きわたる。この最中に川口は畳を真っ二つに割ってしまう。半分になった畳の一片へ身を寄せると、狭い畳の上で窮屈そうに移動しながら様々な箇所でバランスを取る。

『病める舞姫』の朗読に代わって、今度は義太夫の三味線節が再生され始める。そこからはさらに川口は身を捻り、手と足を交錯させる。そしてうねるような運動は徐々に畳を越え始める。義太夫節の音声が途切れると、今度は川口が直接に発声しているであろう、『病める舞姫』の朗誦が始まる。彼は今までとは異なり、畳を持って会場中を走り回り、畳を床に立て、時には自分がその下に潜り込むといったように、畳を持ち歩き様々なポーズを取る。朗読されるのはまさしく畳に関する一節で、少年の立場から見る奇妙な光景である。

あの頃は、昼間遠いところで鈍い狼煙がよくあがっていた。あの狼煙が人気のない家の中を一段と腰の抜けたものにしていた。その狼煙も懐かしいが、その頃の私の気管支のヒーという音色も懐かしい。懐かしさついでに畳の上に落ちている女の長い髪の毛を釘に掛けて引っ張っている、そんな私を思い出してくる。もうここまでくれば何かをしたがっている私は寂しい人ではなくなっているのだった。シーンと暗い畳表を、チョッと飛んではピタリと止まり、また、チョッと飛んではピタリと止まる、これが雀。弛んだ凧に吹かれている鳥は浮いているように動かない、これは鴉。こんなことを小声でつぶやきながら、休み休み私は踊りの真似事をしているのだった。こんな家の中を歩いていると、蓬の根株ごと人攫いの脇に抱えられて走っているような気分になってくるのだった。男か女かはっきりしないが、人攫いの懐は深く、空気でできているように感じられるのだった。畳の上を小走りに走り回る私には、さらわれている私の体の抜け殻が周りの空気を作っているかのようだった[14]〔……〕。

朗誦を終えようとする中で、観客席へ分け入って壁の柱に突き当たると、そこへ畳を立てかける。川口はその上へ足をかけ柱をよじ登っていく。彼が上を目指す最中に The Beatles の曲〈The Fool on the Hill〉が再生され始める。

冒頭の田辺のソロと二人によるデュオ、そして川口にいたるソロでは対照的な二人のパフォーマンスを確認できる。田辺は『病める舞姫』に登場する病におかされた少女として舞台の上に横たわり、舞踏的な身体像を呈示しているように見える。空間は川口の侵入によって変質し、田辺の踊る空間が浸食され、ついには川口のための空間として明け渡される。そこで川口が展開するのはまるで舞踏に見えぬパフォーマンスである。象徴的な意味合いを持つ畳を割って持ち歩き、自由に置き場所を変えてしまうことから、舞踏文化への挑発を繰り返しているとも取れる。このことから、二人は舞踏文化を継承して体現するか、あるいはそれに挑戦するかという、舞踊家が取り得る文化に対する戦略の二側面を呈示しているようにひとまず受け取ることができるだろう。本論で主張したいのは、舞踏文化の言説の中心をなす『病める舞姫』の言葉が響く空間で異なる二つの身体が並列されて初めて、川口の新たな身体像が舞踏文化へ包摂され、文化の可能性が拡張されるということではない。以下で注目したいのは、ひとりの舞踊家を舞踏文化の中に位置づけることを所与とすることを、川口のパフォーマンスが拒んでいるという実態と、またその過程において誰が舞踏の文化的主体として見出されるのかという問いである。

川口はこの上演中ずっと仮面をつけている。どことなく不格好で正面には顔がなく、代わりに後面には簡単にコミカルな顔が描かれている。土方が顔全体を覆うような仮面を用いていたことは確かではあるものの、それを観客に強く想起させるわけではない。またそのかわりにこの仮面が何かのキャラクターを表象しているわけでもない。むしろ、あるべき場所に顔が不在となっていることで、その舞踊家の個人を特定しアイデンティティを付与することができないという実態が示唆されている。ある個人のアイデンティティの表現の経験が後景に退くことで、踊る身体の経験そのものが前景に現れる。こうした舞踊家の非人称性、あるいは踊る身体の純化は舞踏を含むモダンダンス以降の舞踊史においてすでに目指されてきたものであった。舞踊学者マーク・フランコによれば、舞踊の政治的行為のポテンシャルはこの非人称性に基づいており、また非人称の身体を目指すことは、社会的抵抗の美的手段でありうる。「非人称は二〇世紀の舞踊において複層的な見かけで現れた。すなわち原型であり、中性の美学である。〔……〕本質となりながらも疎外され、また／あるいは客体化された身体運動の潜在性である[15]」。

たしかに川口の仮面は、個人の身体を完全に匿名化させ、その身体運動に集中させるメディウムと考えることもできる。しかし、川口のパフォーマンスが舞踏文化に固有の身体像を呈示しないのであれば、非人称化された舞踏身体の純化された身体を経験しているとは言い難い。また川口が舞踏文化内部において気ままに創意工夫を見せつけていると受け取ることもできない。それゆえに川口の身体を、舞踏文化を体現する主体として認めることはできないだろう。

彼のパフォーマンスは自身を舞踏内部へと包摂させるよう要請しているようには見えない。というのも川口が付けた仮面は踊る主体のアイデンティティを隠すために機能しており、その結果、このパフォーマンスを舞踏文化に帰属されるものとして承認することが困難になっているからである。むしろこの仮面は、その承認に必要となる条件、すなわちある踊りが披露されることで、舞踏文化が成立するプロセスを批判的に考察する方向へと観客を導く。この仮面の役割は、哲学者サミュエル・ウェーバーによれば「役や規則を構成するような慣習それ自体を遊戯へもたらすこと（Ins-Spiel-Bringen）」[16]とみなせる。つまり仮面は、舞踏文化に帰属する一要素として見出されるのではなく、舞台上へと注がれる観客の視線が、対象をあらかじめ文化的に決定された何かとして捉えていることを暴露するのである。

仮面をつけた川口は舞台上で何を行っているのか。背丈は高く長い手足を持つ彼にとって、わずか畳一畳は狭いように見える。朗読が響く中で彼は畳を持ち歩き、縦横無尽に空間を動き回る。彼の身体像は舞踏にとって典型的であるようには見えないだろう。しかし、『病める舞姫』の名前を借りて、創意工夫にあふれた踊りを披露しているだけにも見えない。ここで彼が示唆しているのは、いわば文化的空間における身体の位置を探し続けることで、ある舞踊文化に収まりきらない踊る身体を示すことである。『病める舞姫』を象徴する畳が置かれることで、何もない空間はわずかなあいだ舞踏のための文化的意味を帯びる。しかしこの畳がそうして不動の位置を占めている時間は短く、川口はそれをやすやすと割り、持ち去ってしまう。畳はもはや『病める舞姫』のためにこの空間を象徴的に機能させるだけの「正しい」位置を失ってしまう。そこで川口は畳に対する多様なポジショニングでもって、新たな空間を構成しようと試み続ける。しかしそれはもっとも予想しなかった位置へと向かってしまうのだ。ここで重要なのは、不安定な空間で舞踊家が文化的価値を体現できず、その周りをめぐって位置を探し続けて自己のための主体を形成しようとする過程である。

川口は土方舞踏のアイテムである畳や仮面を用いながらも、舞踏の典型とは異なる用い方によって、舞踏ではない何らかの踊りを示すことで、舞踏のテクニックやスタイルの規範に従おうとする身体への期待を裏切る。一方川口は仮面で自分の顔を隠すことで、自己のアイデンティティをも消し去り、舞踊家・川口隆夫という個人が踊るという意図も否定する。東京都写真美術館学芸員の岡田恵子の批評によれば、「川口のパフォーマンスは自己を客観的に突き放すような姿勢[17]」といえる。それゆえに畳との空間的位置をめぐる動きの連続は、舞踊家が文化の中で主体化すること一般的な動きとして見出されるのだ。

以上の二重の否定から見えてくるのは、舞踏文化に入ろうとしながら、そこに収まり切らない「踊る主体」が川口のパフォーマンスに示唆されているということである。舞踊家の踊りが踊りとして観客に承認されるには、舞踊家がその踊りの規範に従い、観客がそれを半ば無意識に追認するプロセスを必要とするという舞踊鑑賞の文化的前提がある。一方川口の身体は規範に従わないようにして踊ることで、この文化的前提の自明性を批判的に捉え直すきっかけを観客に与える。演劇研究者堀切克洋が川口のパフォーマンスを「『踊ること』の自明性に対する疑いがある」と評したことは、この意味で正鵠を射ているると言える[18]。

問い続けるという否定的運動

川口のパフォーマンスは、舞踊文化において踊り手はいかにして「踊る主体」になり得るかというプロセスを示す身体的実践であるといえる。したがって、このパフォーマンスは舞踏の新たな方法論や身体像を呈示するわけではなく、主体の新たな形式を普遍化させようとするわけでもない。むしろこのパフォーマンスは、踊り手が踊る主体となるプロセスを示すことで、踊りが舞踊文化の中で承認されるための文化的構造を観客に示唆する。さらにこのパフォーマンスは、この文化的構造が、舞踊家の踊りによってのみ成立するのではなく、その踊りをある舞踊文化の踊りとして承認する観客の無意識の同意によって成り立つことも示唆している。この文化的構造は、踊り手と観客が共に上演に関わることで成立するが、普段は、両者によって意識されないまま舞踊上演に潜在的に作用している。川口は、この見えない文化的構造を観客に示唆するために、舞踏の文化的規範に合わせようとしながらも、合わせないことで、潜在的に作用する文化的構造が機能しない状況を作り出す。舞踊学者ボヤーナ・ツヴェイチによれば川口の振付を「観客がその立ち位置とパースペクティブを状況の中で探求できる[19]」ものであるとしている。この振付をきっかけにして観客は、普段は顕在化しえない舞踊の文化的構造が上演に作用していることに気づくことができる。

さらに川口のパフォーマンスによって明らかになってくるのは、上演中の義太夫節や畳、テクストの朗読や田辺の身体という諸要素もまた舞踏文化への単なる従属を示しているわけではないということである。この上演においてこそ諸要素は結びつきあい、互いに意味づけあい、それを観客は経験し見届ける。それゆえに田辺の踊りもまた舞踏文化の単なるクリシェ以上の身体として、（再度あるいは事後的に)見出されるといえるだろう。

こうして川口のパフォーマンスは、自明に見える文化的構築を批判的に捉えることを観客に促す。演劇的空間が文化の再承認だけでなく、その批判としても機能するならば、それはある文化に対して否定的な存在であり続けることを前提とする。文化に対して否定的な態度を貫いていくことによって、文化を文化たらしめる所与性が必ずしも確実な根拠を有するわけではないこと、また、にもかかわらず文化が文化として観客に承認される実態を少しずつさらけ出していくのである。こうした舞踊と演劇の批判的潜在能力を演劇学者ニコラウス・ミュラー=シェルは以下のようにまとめている。「演出を通じて、すなわち演劇を通じて批判的距離が開かれる。〔……〕演劇は、真実、権力、従属や主体化の間にあるまやかしの結びつきを、それ自体根拠づけ不可能な行為において解体しずらすことによって、もはや根拠づけできないものとして認知させる」[20]。したがって演劇の批判的能力とは、文化的事象を無自覚なまま承認するプロセスには絶対的な根拠がないことを観客に示唆し、文化のあり方を根本から問い直すことにある。

舞踏の文化領域に収まり切らない川口の踊る主体は、舞台上でポジションを探す行為を続けることで、舞踏に対して根本的な問いを投げかける。それは舞踏が文化として新たな地平を切り開くきっかけをもたらすと同時に、かつての舞踏が目指していたような身体を通じた社会への問いかけをもう一度可能にする。この地平にどんな可能性が開かれるかという問いに対しては、川口の踊りは明確な答えを示していない。川口はむしろそれを観客に委ねている。答えとその追及を観客に委ねるためにも、川口は踊る主体として、文化を動かし続ける存在となるのである。

註

（1）本論考は二〇一九年一月二六日に慶應義塾大学三田キャンパスで開催された科研プロジェクト「越境文化演劇研究——異他の視点からの演劇文化論」によるシンポジウム「主体化のパラドックス——文化の視点から——」でのドイツ語講演「土方との遊戯にあるねじれ——川口隆夫のパフォーマンス『病める舞姫をテクストに』」を加筆修正したものである。

（2）プログラム全体については以下のウェブサイトを参照。なお、『ザ・シック・ダンサー』の上演は二〇一九年九月一四日、十五日。https://www.adk.de/tanzerbe/（閲覧日 二〇二〇年三月三一日）

（3）Odenthal, Johannes (ed.): *Das Jahrhundert des Tanzes: Ein Reader* / The Century of Dance: A Reader, Berlin: Alexander 2019.

（4）古来よりの日本文化に対する郷愁とそれへの回帰でもって舞踏の本質とすることへの批判は以下の論文を参照。ウィリアム・マロッティ「舞踏の問題性と本質主義の罠」（川水美穂子訳）、『シアターアーツ』一九九七年二号、晩成書房、八八—九六頁。

（5）「コンテンポラリーダンス」とは特定のスタイルに代表されず、多様なコンテクストから決定される。また国際的な交流のうちで文化的混淆が進んでいるが日本の現代舞踊もその流れにある。Cf. Kwan, SanSan: When Is Contemporary Dance? in: *Dance Research Journal* vol.42, Nr.2, Cambridge: Cambridge University Press 2017, pp.38-52.

（6）Cf: Siegmund, Gerald: Cédric Andrieux von Jérôme Bel. Choreographische Strategien der Subjektwerdung, in: Kreuder, Friedemann et al (eds.): Theater und Subjektkonstitution. Theatrale Praktiken zwischen Affirmation und Subversion, Bielefeld: transcript 2012, p.52.

（7）後述する暗黒舞踏の歴史については以下の論文を参照した。Kuniyoshi, Kazuko: Vom Ankoku-Butoh Zum Contemroray Dance. Methode und Technik, in: Hirata, Eiichiro / Lehmann, Hans-Thies(eds): *Theater in Japan*, Berlin: Theater der Zeit 2009 pp.236-47.

（8）モダンダンスが生み出した個性に基づく内面的運動への共感という美学的パラダイムを脱しようとしたこととの美学的な観点からすれば、身体への思想的な違いはあるものの、舞踏とポストモダンダンスは同じ方向を目指していたといえる。なお、ポストモダンダンスは運動のきわめて自律的な客体化を目指した。このことについては以下を参照。Manning,

Susan: Modernist Dogma and Post-modern Rhetoric. A Response to Sally Banes 'Terpsichore in Sneakers', in *TDR: The Drama Review Vol.32*, No.4, New York: MIT Press 1988, pp.32-9.

（9） Thurner, Christina: „Ich bin anderes" Subjektkonstitutionen physischer Alterität im zeitgenössischen Tanz, in: Kreuder, Friedemann et al (eds.): *Theater und Subjektkonstitution. Theatrale Praktiken zwischen Affirmation und Subversion*, Bielefeld: transcript 2012, p.679.

（10） 公演情報については以下を参照。http://bodyartslabo.com/wwfes2012/festival/yamerumaihime.html（閲覧日 二〇二〇年三月三一日）

（11） 本論考における上演の記述は二〇一八年二月の東京はBUoYでの公演を記録した映像に基づく。また二〇一八年八月のサンパウロにおける公演の記録映像も参照した。シンポジウムでの発表および本論考のために映像資料を提供してくださった川口隆夫さん、特定非営利活動法人ダンスアーカイヴ構想の溝端俊夫さん、制作の呉宮百合香さんに心よりお礼申し上げます。

（12） なお、川口は大野一雄の公演記録映像を完全に模倣した『大野一雄について』を二〇一三年に発表している。こちらはリエントアクトメント（Reentactment／再演）という近年の演劇・舞踊学において頻繁に議論されるテーマで注目されるべきだろう。舞踊学的議論の概説は以下を参照：Siegmund, Gerald: Das Erbe des Tanzes. Wissen und Nichtwissen, Aneignung und Veränderung, in: https://www.goethe.de/ins/es/de/kul/mag/20376463.html（閲覧日 二〇二〇年三月三一日）

（13） 「アーティスト・インタビュー：川口隆夫 自らの肉体をさらけ出し、ミクストメディア・アートに挑む川口隆夫のあゆみ」（聞き手 石井達朗）https://performingarts.jp/J/art_interview/0708/4.html（閲覧日 二〇二〇年三月三十一日）

（14） 二〇一八年二月九日―一一日に東京BUoYにて再演された際のプログラムノートより引用。（傍点は筆者）

（15） Franko, Mark: Toward a choreo-political theory of articulation, in: Kowal, Rebekah et al (eds): *The Oxford Handbook of Dance and Politics*, New York: Oxford University Press 2017, pp.172-73.

（16） Weber, Samuel: Das abgeschirmte Bild: Kritische Nachbemerkungen zum Thema Psychoanalyse und Individuum, in: Frank, Manfred et al (eds): *Individualität. Poetik und Hermeneutik XIII*, München: Wilhelm Fink 1988, p.231-32.

（17） 岡村恵子「未だ見ぬ身体へ――川口隆夫『大野一雄について』」in: https://artscape.jp/focus/10141270_1635.html（閲覧日 二〇二〇年三月三一日）

（18） 堀切克洋「川口隆夫『逃げ惑う沈黙』『病める舞姫』をテキストに――二つのソロ」in: https://www.wonderlands.jp/

archives/22399/(閲覧日 二〇二〇年三月三一日)

(19) Cvejić, Bojana: On the Choreographic Production of Problems, in Hölscher, Stefan / Siegmund, Gerald(eds): *Dance, Politics & Co-Immunity (Thinking Resistances: Current Perspectives on Politics and Communities in the Arts)*, Zürich: Diaphanes 2015, p.144.

(20) Müller-Schöll, Nikolaus: Die Fiktion der Kritik. Foucault, Butler und das Theater der Ent-Unterwerfung, in Ebert Olivia et al(eds): *Theater als Kritik : Theorie, Geschichte und Praktiken der Ent-Unterwerfung*, Bielefeld: transcript 2018, p.55.

第三部　テクストに表れる異和

第五章　〈今ここ〉からずれる風景——ハイナー・ミュラー『ハムレットマシーン』を例に

石見　舟

導入　〈ずれ〉としての風景

演劇という表現形式は、知覚の文化と深い関わりがある。それは、演劇がその文化の一部を形成していると言えるし、あるいは文化が演劇表現に影響を与えているとも言える。こんにち映画に留まらず、ウェブ上に溢れかえる動画コンテンツなどが演劇よりも多くの視聴者を獲得しているとはいえ、演劇は、あるいは演劇をモデルとして展開する知覚や認識についての思考はいまだ社会で独自の位置を占めている。というのも、物語の伝達、受容という面でこそ他のメディアにますますその地位を奪われているが、人々が実際にひとつの場所に集まり何かを見聞きするという演劇的な経験自体はこの社会のなかで究極のところ否定し難く、都市や政治の美学として社会の根幹に関わり続けるからである。この点において演劇には社会の直接的(と思われている)コミュニケーションのあり方を反省し批判するための実験場としての性格を認めることができる。わたしたちが共にあり、顔と顔を突き合わせて意見を交換するというコミュニケーションの雛型は、それが直接的な関わりを可能にすると謳う。しかし優れた演劇実践において、その内部に〈ずれ〉が存在し、そのために実は直接性が成立していないことが明らかになる瞬間がある。たとえば、観客は今ここにある舞台上の事物を注視しようとするが、一人一人の視点が異なることや錯覚などから見聞きしたものについて全員の共通認識が形成されない可能性がある。こうした事態は、舞台と観客のあいだに生起すると目されていた知覚行為による直接的コミュニケーションの不調を意味する。のみならず、知覚から認識へと至る過程においては、観客が普段意識することなく無批判に従っている「正しい見方」を通して事物を理解しようとすることで、かえって現実に即さない認識が導き出される可能性もある[1]。そのような場合、たとえその場にいる人々の合意が得られたとしても、あるがままの事物は捉えられないという事態が起こる。通常、演劇はこうした「正しい見方」にとらわれ〈ずれ〉を無視しがちだが、すでに触れたように、優れた演劇実践は知覚の文化から漏れる〈ずれ〉、すなわち直接的なコミュニケーションの状況から零れ落ち、無視されてきた何モノ(者、物)かを観客に意識させることができる。それを通して知覚の文化は問い直されることとなるのである。

こうした演劇における〈ずれ〉を考えるうえで大いに参考になるのが、演劇と風景の関係を検討することである。というのも後ほど「場面」との関係から詳しく論じるように、風景を経験することの本質は、観客の内部で起こる〈ずれ〉の経験に他ならないからである。[2] そもそも風景を経験するとはどういうことだろうか。目の前に広がる大自然や都市の風景は、その大きさや複雑さから見る者を圧倒する。[3] このとき観察者である〈わたし〉は逆説的な知覚の働きを感じる。というのも、〈わたし〉は魅了されながら風景を眺めているが、そのさいの知覚および認識の機能の仕方は通常時の円滑なものとは異なるからである。なぜならば風景の認識は、対象との距離を測ったり、その構成要素を検分したりするような分析的なものではなく、風景をそれ自体として受け入れる全的なものであるからだ。それにもかかわらず〈わたし〉の視線は風景に釘付けになっている。この分析的でない注視というものは特別な経験として知覚の文化に独自の場所を持つことになる。つまり、風景の知覚は、通常の知覚を〈ずら〉し混乱を巻き起こすが、それは認識についての文化的規範を改善するために外部から加えられる修正を意味するのではなく、まさに知覚行為を徹底的に遂行するほどにかえって無視できなくなる内部での歪みなのである。これは異物ではなくあくまで何かの〈ずれ〉であり、事物を正確に認識しようとする規範が規範としてあることによって生じるものであるので、これを規範から排除することはできないのだ。

　一方、こうした風景と演劇の関連性という視点からすると、一般的に両者の相性はよくない。というのも、〈わたし〉の知覚を圧倒するような風景をどれほど忠実に舞台上で実現しようとしても、所詮舞台という限定された空間内でなされるために、その量感や複雑さは失われてしまうからだ。演劇表現が劇場を飛び出して野外で行われることも珍しくはないが、それも純然に風景とは呼び難い。なぜならば、制作者が観客を風景の前へと導く作為それ自体が――劇場にいたときと同じように――風景になんらかの枠組みを施すことになり、それが見る者の権能を圧倒する契機を損ねる危険が生じてしまうからである。今見たように、風景を前にしたときの圧倒の経験とは、分析的認識の逆説的な一時停止の経験のことである。すぐ後で述べるように、演劇実践を強烈なイメージを作り出し観客に提示する場として考えるのではなく、知覚行為の過程を集団で検討する実験場であると考えるならば、風景を演劇において扱うことの意義が見出せるだろう。すなわち、知覚行為を規範的な働きから〈ずら〉していく風景の経験は、演劇における特殊な時空間のもとで――奇跡の瞬間としてではなく――批判的に扱うことができるのである。そこからやがて〈ずれ〉が発見されるような規範を表象するために、戯曲テクストはその仕組みを設計することができる。この点に戯曲テクスト分析の意義は見出される。

右のような特殊性から、演劇で風景を扱おうとする試みは演劇の長い歴史のなかでも決して多かったとは言えないが、それでも確かに存在していた。とりわけ二〇世紀以降、この試みは限定的ながらも本格化した。それは二〇世紀以降の演劇が観客の知覚行為を実験的に取り扱うことを中心的な課題としてきたことと関係がある。それはつまり表現の内容から、表現のあり方、すなわち様態への関心の転換である。表現の様態とは、上演のさなか内容がどのように装飾されるのかということだけを指すのではない。そうではなくて、表現が実現されるさいの構造の様態も指している。こうした観点から知覚について根本的に問い直すとき、通常の演劇文化においては絶対視されがちな今ここという自律的で充溢した時空間が問われることとなる。すなわち、知覚は今ここの出来事をそのままに捉えようと志向するのではあるが、先に述べたような錯覚や「正しい」鑑賞の仕方などが原因となって知覚の限界が認識されることとなる。それを通して、今ここから逸脱する〈ずれ〉た時空間がありうることが判明するのである。(4)

演劇における風景の嚆矢は、「風景劇(landscape play)」を掲げた二〇世紀アメリカ合衆国のガートルード・スタインに求めることができるだろう。この看板のもとに彼女が試みたのは、筋を展開したり劇行動を提示したりすることではなく、明確な主張や意味を持たない言葉が重なり合うことで雰囲気を生みだすことであった。(5) しかしこうした作風は当時ほとんど評価されることがなかった。(6) というのも、この試みにふさわしい舞台上での実践の方法論がまだなかったためである。これを実現したのが同国の演出家ロバート・ウィルソンであった。(7) 彼は登場人物の相関関係やセリフの意味解釈よりも、演劇を構成する諸要素の解体に演出の重点を置いたのである。これも表現の装飾から、表現の成立する構造そのものへの関心の転換であるとまとめることができる。旧東ドイツを拠点に活動した劇作家ハイナー・ミュラーも、ウィルソンの手法に感銘を受けたひとりである。(8) 彼が実際にウィルソンと出会うのは、次に述べるアメリカ旅行や戯曲『ハムレットマシーン』執筆後の一九八〇年代であり、さらにスタインの「風景劇」をミュラーはおそらく参照しなかったはずである。(9) つまりミュラーにおける風景は、スタインやウィルソンから直接受け継いだ問題意識ではなかった。それゆえに一層、三者がそれぞれ演劇の新たな可能性を探ろうとしたときに風景に行き着いたという事実は、偶然では済ますことのできない、なにか重要な意味を持っているように思われるのである。

ミュラー本人の述懐によれば、彼が風景に着目したのは、一九七五年から翌年にかけてのアメリカ旅行であったようだ[10]。彼はアメリカでの根本的な経験が風景ないし空間であると感じたのである。それは、ヨーロッパでの根本的経験が歴史としての時間であることと好対照をなす。彼は人気のない広大な土地に工場跡地を見つけ、資本主義を痕跡という形で空間のなかに認めうることに驚いたのであった。この経験は以降の創作のなかで重要な意味を持つこととなる。ミュラーの試みとは、歴史を反省する契機を、空間的周縁としての風景のなかに求めることにあるのだ。ミュラーは演劇作品やインタヴューで「風景」に様々に言及している。その特徴のうちのひとつを挙げるならば、風景と人間の作為の矛盾するような関係性である。人間は開墾や建築などによって風景に変更を加えることができる。しかし他方で風景は完全に人間の思いのままにはならないで在る。風景はそれを眺める〈わたし〉にとって——アメリカ旅行のときのように——資本主義の痕跡を留める空間であり、あるいは人為の彼岸として、政治的企図の破綻や政治的抑圧からの解放を意味したりもする[11]。この〈わたし〉とは、インタヴューではもちろんミュラー自身のことを指すが、彼の劇作品においては複層的な意味合いを持つ。つまり〈わたし〉は登場人物のみならず、それを書く作者、はてはそれを聴く観客をも同時に指示するのである。こうした〈わたし〉の特徴は、本章が扱う『ハムレットマシーン（Die Hamletmaschine）』[12]での風景的経験を分析するうえでも非常に重要である。本作はアメリカ旅行の直後に主にブルガリアで書かれた[13]。作中に直接「風景」の言及こそないが、アメリカ合衆国とブルガリア、資本主義国家と共産主義国家の空間的経験の対比は色濃く反映されており[14]、それが風景を探る鍵となる。

理論篇　場面の枠組みと風景の地平

ミュラー的風景の特徴を今一度参照し、次のように言い換えてみよう——風景とは、自然そのものではないし、また観察者によって描かれるまったく恣意的なイメージでもない。これは、常に解明の対象とされるが、解明され尽くすことのない無尽蔵の自然への人間の側からのアプローチの結果生まれる形象である。風景のもとに、人為とそれを圧倒する自然は接点を持つのである。したがって自然と人為、どちらにも決することのない関係性そのものとして風景はある[15]。こうした風景は、演劇においては伝統的な形式である「場面（scene）」からの〈ずれ〉としてひとまず捉えることができる。場面は、上演中に起こる出来事に何らかの枠組みを当てはめることで、人や物の関係性を確定し、意味を与えることができる。たとえば、シェイクスピア作『ハムレット』第三幕第四場での王妃とハムレットの密室での会話は、壁掛けに隠れて見えないポローニアスによって盗み聞きされる状況ゆえに緊迫感に満ちた場面である。というのも、ここでハムレットの発する言葉、一挙手一投足は、それが向けられている王妃のみならず、ポローニアスによっても解釈されるからだ。そして観客はすべてを知る存在として、ハムレットの本心がばれてしまうのではないか、今はまだ生じていないハムレットとポローニアスの関係性はどのようになるのか予想し次の展開を待つのである。

しかし、こうした観客の鑑賞態度にはいくつもの暗黙の了解が働いている。枠組みの外部は考察の対象外となり、その枠組みがそもそもどのような条件のもとで設定されたのかは問われないのである。一方で風景への注意は、こうした自身が設定した枠組みの内部に集中させて、見かけ上の完全さを主張する場面的認識態度の前提部分に焦点を当てる。それによって場面的機能を潜在的に問い直す契機として風景は働くのである。王妃とハムレットの場面で言えば、多くの観客が見聞きできるようになっている空間が「密室」であるとする演劇の約束事はまず承認される必要があり、それをもって場面的認識が成立することが明らかになるのである。たしかに「密室」を真実らしく見せるための因子――たとえば「第四の壁」をはじめとする舞台空間と観客席の関係性の設定、テクストの様式、それを発するささやき声や立ち位置などについての演技術、効果音など――は劇場の内部でのみ有効なように思われるが、これは演劇実践に留まるものではない。なぜならばその真実らしさは演劇とは異なる領域において担保されているからだ。つまり、冒頭で述べたように、演劇の約束事はそもそも、わたしたちの日常の振舞いの総体であるところの文化から導き出されているのである。また同時に、舞台上の振舞いの文法が今度は文化に影響を与えてもいる。いずれにせよ、この約束事を意識したあとでは、場面をそのまま解釈することが演劇理解のすべてではないことが明らかになる。さらに言えば、枠組みの内部に集中するとしても、場面を成立させる条件もつねに知覚・認識可能なものとして意識されるのである。この場面的認識からの〈ずれ〉は、場面そのものの円滑な機能を潜在的に妨げることとなるが、決してそれを無化するわけではない。というのも、そうした規範内部の〈ずれ〉とは、規範との比較でしか捉えることができないからである。もしこうした〈ずれ〉がそれまでの場面的認識の歪みを修正し改良したとしても、やがてその内部にさらなる〈ずれ〉が見出されるだろう。あるいは〈ずれ〉にばかり注目することは、表現の意味を解釈することの安易な放棄になりかねず、単に無関心に言い訳を与えるだけとなる。とにかく、規範に対して〈ずれ〉が占める右のような役割は、これが最終的に元の規範に包摂されることを意味しはしない。〈ずれ〉は〈ずれ〉として、規範が強固であればあるほどよりしぶとく、看過できないほどに存在感を発揮するのである。演劇における風景を通して、場面的認識とその〈ずれ〉のどちらにも決することのない緊張関係は知覚可能になる。両者の関係は固定的なものではなくつねに揺れ動き、観察者によっても異なる。

また、場面と風景が緊張関係にあるというのは、場面的な認識態度と風景的な経験が並置されることを意味している。つまりそれはひとつの表現に対してふたつの認識のあり方が同時に成り立つということである。たとえば「地平線、地平（horizon）」はどちらにもありうるが、それが持つ意味は大きく異なる。場面の枠組みにおいて、地平線は舞台空間に奥行きをもたらす機能を持っている。遠近法に欠かせない消失点は、この地平線上に存在し、観客と知覚対象の関係性を確かなものにするのだ。[16] 他方で風景を経験する場合——海岸に立ち、水平線の向こうの島や人々に思いを馳せるときのように——この地平線は知覚の限界であると同時に知覚できない向こう側の存在を暗示するものとして了解される。「何をどのように知覚すべきか」という場面的な規則とは別な仕方で、風景は地平をもって知覚の限界域を印付けるのだが、これは地図上に引かれうる境界線とは異なる。なぜならば、それはつねに他者、今ここに存在しないモノに対して開かれているからだ(17)。こうした風景的地平においてはじめて、不在や他者の可能性が演劇において確保されるのである。場面的枠組みにおいては、それはあくまでも「闖入者」として任意の形姿を持つ必要がある。言い換えれば、そうしたモノは形姿を伴っていなければ認識できないのである。一方、風景的経験における他(者)性は、知覚のあり方の根本的な変質において見出される。それは、今ここという時空間の変質、知覚主体の地位が揺るがされるといった出来事である。たとえば、過去や未来は痕跡や予兆といった仕方で現在において知覚される。また、ここでないどこかは地平によって、まさに知覚が働いている〈ここ〉においてありうるかもしれないものとして想定可能になるのだ。そのようにして今ここの優越の否定は、演劇における歴史哲学的思考を可能にするだろう。

分析篇　ドラマへの期待と風景

一九七七年に執筆された『ハムレットマシーン』は、五部からなる短い演劇テクストである(18)。前述のアメリカ旅行のあとに書かれたもので、同年ミュラーが手掛けたシェイクスピア作『ハムレット』のドイツ語訳のいわば副産物とも言える。数多くの引用、暗示によって構成されており、それらすべてを手掛かりにテクストを解釈することはほとんど不可能と言える(19)。第三部を除く各部は、それぞれハムレットとオフィーリアのモノローグによって構成されている――ハムレットが第一、四部、オフィーリアが第二、五部に現れる。しかし数多くの人物が言及され、二人の同一性《アイデンティティ》も定まらないために、これらを「モノローグ」と呼ぶことさえも憚られる。特にハムレットは、ハムレット「だった」(第一部)、「ではない」(第四部)と言い、ハムレットという役柄を引き受けることにつねに留保を示している。対するオフィーリアも、「エレクトラ」(第五部)と名乗ったり、そもそも第二部が「オフィーリア[コロス／ハムレット]」(一〇／五四七)と指定されていたりと、アイデンティティの曖昧さが付きまとうのである。

復讐のドラマと機械化

「わたしはハムレットだった。海岸に立ち、寄せては砕ける波にああだこうだと話していた、背後にはヨーロッパの廃墟。」(六／五四五)から本作は始まる。これは、シェイクスピア『ハムレット』の一連の事件がこれから過去形として語られることを意味している。本歌シェイクスピア『ハムレット』の終結でハムレットが「残るは沈黙(The rest is silence.)」と言い遺したのを思えば、これを裏切るようにして再開される過去形の語りは『ハムレット』の続編ではないだろう。むしろその語りは、過去を完了したものとみなし、現在との切断を表明していると言える。それでもなお語りがモノローグ然として〈わたし〉によってなされるとき、何らかの仕方でこの過去は現在と結びついている。別な言い方をすれば、ハムレットという名の同一性によって過去と現在が地続きのものとなることはないが、その名から遊離することが可能な〈わたし〉が言明可能であるということによって、過去と現在が混ざり合う〈わたし〉の連続性は確かめられるのである。この〈わたし〉はすでに示したように、ハムレットでも、オフィーリアでも、作者でも、それを聴く観客でもありえ、複層的につねに複数の意味を持つ。様々な位相においてモノローグがなされる本作は、概観するならば、『ハムレット』を(どういうわけか)過去に据えながら今ここに存在する主体に適した時空間を探索する試みであると言える。「ハムレットだった」という男は「わたしのドラマ」が再び起こることを待ち望んでいる。そのためには、ふさわしい時空間の設定が必要である。

ここで待望されるドラマとは、シェイクスピア『ハムレット』のドラマトゥルギーである〈復讐のドラマ〉と言えるだろう。すなわちハムレットによる父親の仇討ちである。それによって過去から出現した亡霊は慰撫され、正義に適った未来が建設されるのである。そしてこの復讐のモティーフは共産主義国家の歴史へと広がる。というのも、共産主義を実現しようとなされる革命とは、あるべき正義が現在ないことを憂慮する人々が、未来を理想的な形にするために現状の変革を企図することであるからだ。そうして革命は、それが果たせず亡くなっていった過去の人々に対して責任を取ろうというのである。しかし執筆当時すでに明らかだったように、このドラマは終幕を迎えることがない。スターリンの死(一九五三年)、スターリン批判とそれに続くハンガリーでの暴動、ソ連軍による鎮圧という一連の事件(五六年)などは、ある復讐が別の復讐を呼び寄せていく終わりのない連鎖を示している。ドラマへの期待がより明確に述べられることになる第四部で、「ハムレット役者」はドラマを革命的転換として想定している。すなわち、彼の見立てでは「わたしのドラマ、それがまだ起こりうるのであれば、蜂起の時代に起こる」(一四／五五〇)のである。しかし先取りして言えば、このドラマはついに起こらない。ドラマが起こる空間が見出されないからである。空間を探し求める彼の試みは第四部のなかで破綻するが、それは同時に場面的認識と風景的経験の緊張関係の意識化へと展開していく。

ドラマ再起の形式的条件を満たすような空間はどのように求められるのであろうか。第四部にあってこの問いは「蜂起の時代＝時間(Zeit)」にふさわしい空間はどのようなものかという問いとなる。ハムレット役者は初めその空間を「歩行者たち」のデモ行進に見出す。それは路上で明確な規則を持たずにうごめく人々から流動的に生まれる空間性だ。彼はそのなかに交じって官庁街へ行進するさなか、その様子を言葉でスケッチしていく。これは〈わたし〉の視点からなされる断片的で速記的な描写である。彼による民衆のひとつひとつの行動の描写はそれがドラマになる期待に賭けられているのだ。そして民衆と政府のあいだでの対立が物理的暴力——戦車の配備——となったとき、ハムレット役者はドラマの空間を見出すのである——「わたしのドラマがまだ起こりうるならば、わたしの場所は前線の両側、前線と前線のあいだの、上にあるだろう」(同右)。しかし敵対する前線の両側の上部にある場とは想像上の空間である。それはドラマ的場面が成立するような空間ではないのである。そこにしか自身のドラマの可能性を見出せないとき、彼のアイデンティティは両方の側で激しく揺らぐこととなる。すなわち、彼の自我はデモ隊の一人としてのそれと、彼らと敵対する側としてのそれとに分裂し、目まぐるしく双方を行き来する――「わたしは群衆の汗の臭いのなかに立ち、石を警官、兵士、戦車、防弾ガラスへと投げる。わたしは防弾ガラスの扉を通して、押し寄せる群衆を眺め、わたしの不安の汗の臭いを嗅ぐ」（同右）。両側を行き来することで共通点が明らかになる。つまり、どちらの側にあっても、向こうからやって来るものに対して〈わたし〉は命の危険を感じているのである。こうした状況は、嗅覚、すなわち直接身体に侵入するものについての知覚によって認識可能となる。それでもなお、〈わたし〉と言うことのできるこの主体は視覚によって命の危険から逃れることができる。すなわち観察主体とその対象とのあいだにある距離を前提とする視覚という知覚によって、〈わたし〉は超越的な地位を獲得しうるのである。この距離によってハムレット役者はドラマ再起の可能性を探ることができるようになるのだが、同時に彼が群衆のなかに没入し蜂起に与する機会は奪われてしまう。観察者はどれほど現状に不満を持ち、それが変革されることを望んでいようとも、観察者であり続ける限りそれを傍観することの無責任さ、独りよがりな態度からは逃れられないのである。つまるところ「わたしのドラマは起こらなかった」（一五／五五一）後で「わたしは家に帰り時間を潰す」（同右）ことができてしまうのである。〈わたし〉はテレビが流す映像を眺めるだけの一視聴者に容易に転じうるのだ。

ハムレット役者はそのような視線の暴力性に「吐き気」（同右）を催すが――彼はさらに吐き気をも「特権」（一七／五五二）と断ずる――それでもなお復讐のドラマを諦め切れない。ドラマを放棄するのではない、こうした態度決定は注目に値する。この態度によって彼の反省は、ドラマについての、より根本的な問題に行き着くのである。その問題とはすなわち視線一般につきまとう〈わたし〉というあり方であり、彼はこれをラディカルに批判しようとする。特権的な立場から出来事を描写し、意味を与えるという〈わたし〉の独りよがりな態度を否定しようとして、彼の視点は自身の内側へと向かっていく。つまり観察主体である〈わたし〉をも観察の対象とすることで、主体内部に〈ずれ〉を見出そうというのである。それは結果として、〈わたし〉の物化すなわち機械化を招く。「わたしはタイプライター(原文 die Schreibmaschine を直訳すると、筆記機械、マシーンである)」(一五/五五二)、「わたしは機械になりたい。」(一八/五五三)というセリフが示すのは、〈わたし〉が発する言葉から精神性が奪われるという事態である。言葉は、対象を描写し意味付ける特権的な地位から、よだれと同等のものへと貶められるのだ——「戦いを見下ろし、わたしの防音の吹き出しのなかで、言葉の粘液(Wortschleim)[20]を分泌しながら。」(一五/五五一)第四部の最後にハムレット役者は、この分裂を克服しようとするかのように再び衣裳と仮面を着け、復讐劇のようなものを演じてみせる。たしかにハムレット役者によるこの一連の身振りは——裸の女性が演じるマルクス、レーニン、毛沢東の頭を斧でかち割るなど——政治的アレゴリーとしても読めなくもない。彼の演技は一見ドラマの放棄を表現しているように映る。スターリンの亡霊によって彼の復讐のドラマが頓挫したことを受け、共産主義の先達を屠り、それによって革命を根本から否定しているように考えられるからだ。しかし、こうしたアレゴリーを演じる〈わたし〉の精神性、意図が、観客である

〈わたし〉たちに正しく解釈されることを期待する構造自体がすでに第四部を通して疑問視されていたはずである。演じ手と受け手双方の〈わたし〉の占める特権的地位は不確かなものであるはずで、したがって場面的枠組みは、今ここで行われている表現とその受容という演劇的出来事を捉えるための適切な方法にはもはやなりえないのである。それでもなお、ハムレット役者のドラマを放棄する身振りそのものはドラマ的枠組みの内部でなされ、したがって表現の様態としてのドラマは依然として諦められていないのである。ドラマは、まさにドラマとして提示され認識されるその過程の内部で〈ずれ〉ていく。このとき、本作では風景への眺望が開かれるのである。

第五部「深海」という風景

このような事情から、第四部最後の二語「雪。氷河期。」(一九／五五三)を引き受けてより難解になる最終第五部は、ドラマを待望する視線の裏面としての風景を示唆する。第五部のト書きを見てみよう。「深海。車椅子のオフィーリア。魚、瓦礫、死体、死体片が掠めるように流れていく。」(同右)「深海」とは、太陽光が届かず、音は音波としてのみ届く場所である。ここで車椅子のオフィーリアは復讐を声高に唱え、それを場面的枠組みで捉えるよう観客を誘惑する。すなわち、男でありインテリゲンチャであるハムレットに対抗する、女あるいは第三世界の側からのアピールとしてセリフは読まれうるのである。しかしそれがなされる場所が深海であり、そこを「魚、瓦礫、死体」

が包囲するように漂うことを勘案すると、それが誰に向かってなされ、また実際に届いているか分からないために、それをアピールとして受け取ることには違和感、〈ずれ〉が生じるだろう。つまり、セリフの意味内容にもかかわらず、表現の様態としては発話者と観客の直接性を徹底して退けるような状況が設定されているのである。依然としてこの箇所を場面として読むならば――たとえば、深海探査艇のなかから車椅子のオフィーリアが「こちらはエレクトラ」(一九/五五四)と通信をよこす――そのように配置されることで彼女の存在感は縮減されて一種の皮肉めいた調子を帯びるかもしれない。しかし第五部にあっては、場面的認識よりもむしろそれが施す枠組みの限界の方に注意が行くだろう。なぜならば、場面として舞台を見、そこにある人や物の関係性を解釈する試みは、舞台を本物の深海と想定することと両立しえないからだ。深海とは、探査艇の窓の外、すなわち場面的枠組みの外部にあるものなのではなく、〈わたし〉を全方向から包囲し、生命を脅かす空間である。ここで観客に求められるのは、セリフをあたかも聞こえないかのようにして聞き、人や物をあたかも見えないかのようにして見ることである。

では、どのようにこうした空間のリアリティを考えることができるだろうか。つまり、このような矛盾した知覚のあり方を許容する状況とは受け手である観客にとってどのようなものでありうるのだろうか。まず考えられるのは、そうした場面設定を空想的あるいはシュルレアリスティックなイメージとして解釈しようというものである。それは舞台上でなされる表現を現実から大きく逸脱した世界の描写と捉え、観客の想像の〈よすが〉と見なすことを意味する。こうした観客の想像力を刺激する試みはしかし、同時に観客一人一人の独りよがりな解釈を触発し許容することに繋がる。つまり、「深海のオフィーリア」というイメージを捉えようとするあまり、観客は自分にとって妥当と思いなすイメージと、舞台上で実際に起こっていることとのあいだの〈ずれ〉を無視してしまうのである。だが同時に注意しなければならないのは、このシュルレアリスティックな想像力に対する批判は、決して今ここに在るものの知覚の優越を説いているのではないということである。なぜならば、今ここで起こっている表現に注目するのであれば、そこでなされる語りやそこにある物は十分に聞かれ、見られることとなり、今ここの状況ではありえない深海という設定をないがしろにしてしまうからである。観客はこの場面設定が要請する——聞こえないかのようにして聞き、見えないかのようにして見るという——知覚のあり方を掴むことができないままに、それでもなお今ここの舞台に惹きつけられるようにして知覚を働かせる。このとき、認識へと至るような知覚の機能は潜在的に一時停止し、知覚と認識のあいだの〈ずれ〉が強調されることとなる。深海を認識可能にするというのは、通常の演劇文化において、舞台を王妃の小部屋と思いなすこととは根本から異なる事態である。なぜならば、そのようなフィクショナルな場面を想像する場合には、知覚行為そのものは通常に働きうるからだ。一方「深海」においては、想像力のみならず、分析的注視としての知覚そのものの限界も経験される。知覚・認識の限界およびその働き内部の〈ずれ〉を意識しながら、それでもなお今ここから抜け出すことができないという経験は、今ここの時空間性の充溢を否定し、それを越え出ていくような別のありうる知覚の様態を予感させる。このような経験は、まさに風景的地平の経験であると言えるだろう。そこで予感される別な知覚の様態は、具体的な代替案として把握されることはないが、今ここで働く知覚行為の地平のかなたという場所にありうることが意識されるのである。

こうした風景の経験が観客にとって、今取り組まねばならないほど切実であり、本作の主題であると了解されるためには、最終部に至るまでの展開やハムレットとオフィーリアの緊張関係などが、テクスト全体を通して巧みに構成される必要があった。ドラマをまったく無化するのでも、それを補完するのでもない仕方で、期待されるドラマとの緊張関係を風景は保っている。そのことは第一部で岸辺に立つハムレットだった男が波に落とした視線の先に深海がすでにあったということによっても暗示される。最初と最後が円環的に閉じるように見えて結局両者の交感を生まないのは、両者の立ち位置に原因があろう。つまりハムレットだった男は廃墟を背景とし眼前に水平線を捉えることで、『ハムレット』を過去とする独特のアイデンティティを備えた〈わたし〉を獲得しうるのに対して、オフィーリアは深海という風景のなかで自身のアイデンティティを獲得することができない。それは、彼女がどのような歴史的位置付けにあるのかがほとんど分からないということでもある。ハムレットは、革命を待望することで自身の現在を過去と未来の直線の途上に置くことができたが、一方でオフィーリアのもとでは直線的で不可逆的な時間観念とは異なる時間観念が認められる。それは破局と破局の〈あいだ〉とでも呼ぶべき時間性である。すなわち、過去の破局によって生じた瓦礫と未来に起こる破局の予兆が、現在のもとにすでに並置されているような時間観念である。

この時間性は、現在は充溢したものであり、過去や未来と連続性を持つとする観念を批判する。過去は「死体片」という解消できない仕方で現在に無為に残存し、未来は今ここの世界が逆行するような、産む母による破壊の時間として把握されている。オフィーリアの最後のセリフが未来を暗示して終わるのもこの時間観念から見ると示唆的である——「彼女が肉切り包丁を手にお前たちの寝室にやって来るとき、お前たちは真実を知るだろう(werdet ihr die Wahrheit wissen.)」(同右)。もはや未来はハムレットが待ち望んだ復讐のドラマが再起するような時間にはなりえない。〈あいだ〉的な時間観念を通して、未来の破壊と過去の遺留物は、現在において響き合うことが可能となる。こうした時間観念は、今ここから〈ずれ〉ていく風景的地平への視線によって逆説的に触知可能になるものである。これを通して、復讐成就を約束するのでも、無化するのでもない仕方で、演劇はドラマを待望する欲望を認識可能にするのだ。

まとめ

「妥当」とされる視覚文化は、物事を注意深く観察することを謳い、適宜歪みを修正しながら自律的な規範であることを主張する。しかし、それが規範であるということそのことにおいて、その埒外としての〈ずれ〉は否定しがたく存在するのである。本章では、「場面」という演劇文化とその〈ずれ〉としての風景的経験を採り上げ、その緊張関係を論じた。ひとはある信念を持ち、未来においてそれが達成されることを望む。望ましい未来が起こる可能性を求め、今ここをある枠組みに当てはめて捉えるが、それは観察者として出来事と距離を保ちながら意味付けを行うという無自覚な恣意性および無責任性をはらんでいる。そうした認識態度が内部から破砕されうる契機として風景はある。場面的認識の〈ずれ〉を、まさに見聞きする行為を通して意識させる風景的経験は、規範としての場面と固定的な関係を結ぶことがないからこそ、過程のなかで個別的に表現され、受け手によって経験される必要があるのだった。風景の地平は、観察者を惹きつけ、知覚することを誘いながら、その機能を潜在的に中断させる。今ここに注目するべきなのに、そこで見聞きされるものは別の時間観念、またはここではないどこかへと観察者の注意を〈ずら〉すのである。繰り返しになるが、それはシュルレアリスティックな想像とは異なる事態である。なぜならば風景的経験は、今ここで働く知覚行為の規範からの〈ずれ〉という緊張関係を捉えることであり、新奇なイメージを創造し、現在見えているものと置き換えることを目的とはしないからだ。

　演劇における風景は、ドラマ的構造のもたらす安心感を認めたうえで、表現の過程で実際に生まれる〈ずれ〉を異物として排除するのではなく、その前に立ち止まる勇気を要求する。風景的地平への視線はそうした瞬間を分析し把握するための補助になるだろう。破局と破局の〈あいだ〉の時間において真に新しいものはなく、すべての物はすでに存在しているか、過去からの遺留物に過ぎない。これらひとつひとつは意味をなさないけれども、個々が複雑に絡み合うことで注目すべき知見は生まれうるのであり、それは演劇文化における歴史や政治の表象のあり方を別様に考える契機を与えてくれるのである。このような問題設定において、演劇テクストから出発する上演の目標は、もはやテクストの「忠実な」立体化や突飛なイメージの現実化だけではありえなくなる。むしろそれは、今ここで働くわたしたちの知覚を、そこから漏れるモノとの緊張関係のなかで限界付け、それでもなお働かせるための——演劇における風景的経験のための——環境を作ることにあると言えるだろう。

註

（1）演劇における「正しい作法」については、本章理論篇（一七一頁以降）を参照。そうした規則は演劇の内部でまったく恣意的に作り上げられたのではなく、外部との関係のなかで生まれたものである。たとえば、演劇に往々にして見られる視覚の優位、観客の問題含みの主体性は、遠近法の歴史およびそこから出発する西洋近代の諸問題との関わりのなかで考察する必要がある。序章、四・［2］「視覚文化と『見る私』の問題」（三五頁以降）を参照。

（2）序章、ヴァルデンフェルスの「異他」（四二頁）を参照。

（3）以下、本段落における風景についての記述は、佐藤康彦によるカント『判断力批判』論を参考にしている。佐藤康彦「風景哲学の可能性について」、安彦一恵他編『風景の哲学』ナカニシヤ出版、二〇〇二年、三—一〇頁。

（4）ドイツ演劇学では、〈今ここ〉において働く知覚の充実とそれからの〈ずれ〉、この二つのどちらに焦点を当てるかで闊達な議論が生まれた。詳しくは以下を参照。平田栄一朗『在と不在のパラドックス』三元社、二〇一六年、特に第一章「プレゼンス—アブセンス論争」（二五—六三頁）。

（5）これをもってハンス＝ティース・レーマンは彼女の風景劇をポストドラマ演劇の水源のひとつと見なしている。以下を参照。Lehmann, Hans-Thies: *Postdramatisches Theater*, Frankfurt a.M.: Verlag der Autoren 1999, p.79, 104.（ハンス＝ティース・レーマン『ポストドラマ演劇』谷川道子他訳、同学社、二〇〇二年、六三、八〇頁。）

（6）楠原偕子「もう一つの道の先駆者　ガートルード・スタイン」、一ノ瀬和夫他編著『境界を越えるアメリカ演劇』ミネルヴァ書房、二〇〇一年、一九八—九頁。

（7）Lehmann: *Postdramatisches Theater*, p.79.（『ポストドラマ演劇』六三頁。）

（8）Müller, Heiner: *Werke 9. Eine Autobiographie*, Frankfurt a.M.: Suhrkamp 2005, pp.260-3.（ハイナー・ミュラー『闘いなき戦

い』谷川道子他訳、未來社、一九九三年、二六八—二七一頁。）

（9）ミュラーがスタインに言及したのは、ズールカンプ版の全集のなかでは六回である。彼は風景には直接言及していない彼女の（ものとされる）二つの言葉を引用している。また、『ハイナー・ミュラー・ハンドブック』に収録されている「風景、自然」の項で執筆者のカール・ヴェーバーもスタインの「風景劇」について言及はしているものの、それにどれほどミュラーが意識的であったかについては詳述していない。Cf. Lehmann, Hans-Thies / Primavesi, Patrick (eds.): *Heiner Müller-Handbuch*, Stuttgart / Weimar: Metzler 2003, p.115.

（10）Müller: *Werke 9*, pp.222-3.（前掲書、二二八頁。）

（11）たとえば戯曲『指令』のなかの「エレベータの男」と題されるモノローグ。Müller, Heiner: *Werke 5. Die Stücke 3*, Frankfurt a.M.: Suhrkamp 2002, pp.27-33.（ハイナー・ミュラー『ドイツ現代戯曲選三〇　指令』谷川道子訳、論創社、二〇〇六年、三六—四三頁。）

（12）Müller, Heiner: *Werke 4. Die Stücke 2*, Frankfurt a.M.: Suhrkamp 2001, pp.543-54.（ハイナー・ミュラー「ハムレットマシーン」谷川道子訳『ハムレットマシーン』岩淵達治他訳、未來社、一九九二年、五—二六頁。）以下、「本作」と呼び、引用の末尾に邦訳と原文の頁数をそれぞれ示した。なお引用については邦訳を参照し、文脈に応じて適宜変更を加えた。原文中大文字で強調して書かれている箇所は傍点で示した。

（13）Müller: *Werke 9*, pp.229-32.（『闘いなき戦い』二三五—八頁。）

（14）第四部「ペスト・イン・ブダ、グリーンランドをめぐる闘い」は、題名でブダペストをもじるだけでなく、権力者の像が打ち倒される様子を描く。その後「ハイル、コカ・コーラ」（一七／五五二）が叫ばれ、東西世界を特権的に行き来する〈わたし〉の存在も描かれる。また、デモ行進は、一九五三年六月一七日にベルリンで起こった蜂起のミュラー自身の経験も大分取り込まれている。これについては、Müller: *Werke 9*, pp.103-4.（『闘いなき戦い』一〇二—四頁。）

（15）自然と技術の関係性において興味深い視点を提供してくれるのが、ジャン＝リュック・ナンシー著「集積（ストリュクシオン）について」である。彼は、ジャック・デリダの「代補の論理」を参照しつつ、二項対立的関係ではなく、技術が自然の内部にその座を占めるという関係性を構想する。それによって分かるのは、自然と同様に技術も自己目的化、さらに言えば目的と手段の同等化を生じさせるということである。この定義によれば、すべてを目的へと差し向ける「芸術」も技術のひとつとして数えることができる。この目的手段の脱構築的プロセスにおいて賭けられているのは、究極の参照項なくしてありうるような「意味」である。これを思考するために「集積」が導入される。この発想はわたしたちの議論とも関連すると考えるが、紙幅の都合上本論では割愛する。(ジャン＝リュック・ナンシー『フクシマの後で』渡名喜庸哲訳、以文社、二〇一二年、七五―八二、八八―九頁。)

(16) 序章、ブルネレスキについての部分(三五頁)を参照。

(17) これは、デリダの独特な正義論である『法の力』で地平について言われていたことと符合するだろう。彼によれば、地平は「無限の進歩だとか待ち望む」といったことを観察者に可能に思わせるのである。(ジャック・デリダ『法の力』堅田研一訳、法政大学出版局、二〇一一年、六六頁。)

(18) 成立、構成などについて詳しくは以下を参照。Lehmann / Primavesi (eds.): *Heiner Müller-Handbuch*, pp.221-7.

(19) Schulz, Genia: *Heiner Müller*, Stuttgart: Metzler 1980, pp.151-2.(該当箇所はハンス＝ティース・レーマンとの共同執筆。)

(20) 他にもミュラーは「言葉の泥(Wortschlamm)」という語もしばしば用いた。たとえば戯曲『落魄の岸辺／メディアマテリアル／アルゴー船隊員たちのいる風景』(Müller: *Werke 5*, p.82. ハイナー・ミュラー『メディアマテリアル』岩淵達治他訳、未來社、一九九三年、二五頁。)あるいは本作と同年に書かれた手紙「教育劇との決別」でミュラーは自身による議論のことを「言葉の泥」と呼んでいる。Müller, Heiner: *Werke 8. Schriften*, Frankfurt a.M.: Suhrkamp 2005, p.187.

第六章　多和田葉子の「越境」——混合文字《シュリフト》詩「Die 逃走 des 月 s」を読む

谷本知沙

一　文化を問い直す——自明性を問う

日本語とドイツ語で創作する多和田葉子はその経歴ゆえに、しばしば越境作家と称される。ここでいう「越境」は、彼女が生まれ育った日本の国境を越え、ドイツに暮らしながら母語ではない言語で作品を発表していることを指すだろう。多和田の「越境」は、単なる地理的な境界だけでなく言語的な境界の意味を含むことは、エッセイ『エクソフォニー——母語の外へ出る旅』(二〇〇三年)の「母語の外へ出る」という表現にも明らかだ。多和田葉子の小説『地球にちりばめられて』(二〇一八年)には、次のような記述がある。

ネイティブという言葉には以前からひっかかっていた。ネイティブとは魂と言語がぴったり一致していると信じている人たちがいる。母語は生まれた時から脳に埋め込まれていると信じている人もまだいる。そんなのはもちろん、科学の隠れ蓑さえ着ていない迷信だ。それから、ネイティブの話す言葉は、文法的に正しいと思っている人もいるが、それだって「大勢の使っている言い方に忠実だ」というだけのことで、必ずしも正しいわけではない。また、ネイティブは語彙が広いと思っている人もいる。しかし日常の忙しさに追われて、決まり切ったことしか言わなくなったネイティブと、別の言語からの翻訳の苦労を重ねる中で常に新しい言葉を探している非ネイティブと、どちらの語彙が本当に広いだろうか(1)。

ここでは「ネイティブ」という表現の背後にある意識が問われている。その意識とは、母語は生得的なものであるがゆえに、ネイティブの言葉は常に非ネイティブの言葉よりも優れており、かつ正しいとするものである。ドイツ語と日本語で執筆するスタイルを今日まで一貫してきた多和田は、自らの実践によってその反証を示すかにみえる。それでは、言語的な境界の越境としての多和田の「母語の外へ出る旅」は、単に、〈ドイツ語でも執筆すること〉、したがって「非ネイティブ」として異質な言語で執筆することだけを指しているのだろうか。

このような問いを考察するにあたり示唆的なのは、ギュンター・ヘーグが提唱する「越境文化」

の概念である。(2) 他者に対する不寛容の風潮が跋扈する昨今の情勢の中で提示されたヘーグの越境文化論において、異文化の邂逅は、インターカルチュラル論が想定するような異文化交流としてではなく、自文化省察の契機とみなされる。わたしたちは、とかく自分を驚かせ、畏怖嫌厭の念を抱かせる異質なものを他文化の中に見てしまいがちである。だがその見方の背後には、自文化が均質的で、了解可能な世界でできているという暗黙の了解が潜んでいる。〈他〉なるものは、しかし自文化の外側のみならず、むしろその内側にもある。わたしたちひとりひとりが他文化と出会い、〈他〉の中に〈自〉との共通点を見出すと同時に、〈自〉の中に異質なものを見出すときに生じているのが、省察的越境である。その「越境」とは、自他の境界線を越えて外側に出て行くことではなく、境界線上にとどまったまま、〈自〉という輪郭そのものを問い直すことである。〈自〉という括りの内部を同質とみなす想定に疑問を投げかけることは、そのような想定の根底にある自文化の複雑な実情を十分に想像しない姿勢を問うことである。他者の思考や価値観に対する想像力は、単に他者を理解することによってではなく、むしろ自らの自明性を問うことによって初めて開かれ、広がりゆくものである。この論を踏まえれば、冒頭の引用におけるネイティブ・非ネイティブという括りの背後にも先のような自他の想定があることは容易に見てとれる。多和田の実践は、単に巧みなドイツ語で執筆することでドイツ語母語話者との絶対的なヒエラルキーに揺さぶりをかけるだけではない。つまり、多和田の「母語の外へ出る」実践は、母語という〈自〉の領域の外側に出て「非ネイティブ」として執筆することのみを意味しない。むしろその越境性は、ドイツ語で執筆することによって生じる〈自〉の自明性への問いと向き合い、その問いから見えてくるものを言語の可能性として模索することにある。それが、母語で書くことを完全に放棄してしまう作家と異なり、多和田がドイツ語でも日本語でも書き続ける理由の一つであるだろう。

多和田の「母語の外へ出る旅」における省察の対象は、母語話者・非母語話者という概念にとどまらない。このことを考察するために再びヘーグの論を参照しよう。

自らの分野に対して他者の視線を向け、自らの歴史や構想実践を異化することとは、内部からの越境行為であり、自らを拡張することや他者と融合することによってではなく、境界線上にとどまることによって行われるものである。[3]

演劇学者であるヘーグは、演劇や演劇学は、他の分野との接触の中で、自らの課題を発見し、自らの存在を再度吟味する省察的視座を獲得できると指摘する。ヘーグの指摘は、演劇の領域にとどまらず、諸芸術のジャンルに敷衍することができるだろう。ある対象を演劇である、文学である、あるいは美術であるとみなすとき、わたしたちはそれをある枠に基づいて判断している。このようにわたしたちが「自明」のごとく枠に当てはめて対象を捉えるときに働いているのは、本書の序論で平田が述べる「文化的意識」[4]にほかならない。自文化に省察の眼差しを向けることとは、この「文化的意識」の働きを自覚し、その自明性を問い直すことである。

多和田の「母語の外へ出る」越境の経験もまた、文学という自らの芸術表現の基盤の自明性を問う省察の契機となる。すなわち、文学という芸術表現の基盤である、読む行為のメディア性を改めて問うことで、わたしたち読者の「文化的意識」を揺るがすのである。本稿では、そのことが鮮明に現れている作品として、「Die 逃走 des 月 s」を取り上げたい。これは、二〇一〇年にドイツで出版された詩集『ドイツ文法の冒険（Abenteuer der deutschen Grammatik）』に収められた一編の詩である。この詩を目にして、はじめに戸惑いを覚えない読者はいないだろう。なぜならこの詩は、タイトルがすでに示しているように、ドイツ語表記と漢字表記が混在している、いわば混合文字《シュリフト》詩[5]だからである。この詩の意味内容をどの程度理解できるかは、読者の言語知識に著しく左右されるように思われる。とりわけこの詩が発表された場であるドイツの多くの読者は、読むことに困難を感じたに違いない。それではこの詩は、多和田のように複数の言語に精通している読者に対してのみ開かれた作品なのだろうか。あるいはそれを詩としてではなく、むしろ美術《ビジュアル・アート》として鑑賞すべきなのだろうか。

このような問いを考察するにあたって参考になるのは、近年ふたたび注目を集めている新国誠一（一九二五―一九七七）の視覚詩である[6]。一九六〇年代の国際的な前衛運動である具体詩の運動に関わった新国の作品群では、多和田の詩同様、漢字が重要な役割を果たしている。伝統的な詩の形式から大きく逸脱する新国の詩でも、それが美術であるのか、または詩であるのかが問題になるが、多和田の作品とはその性質を異にしている。

以下の考察では、新国と多和田の作品の性質と読者の受容の仕方を比較しつつ検討することで、読者の言語知識や言語文化的背景が読解を大きく左右してしまうように思われる多和田の詩の特徴が持つ意義を明らかにする。本論は、この詩が言語知識の差によって読者を限定するような閉じた作品なのではなく、むしろ詩を読む行為において当然視されていることを問題化し、省察を促しているということを主張したい。以下ではまず、新国の作品の中から例を取り上げてその特徴を抽出したのちに、多和田の詩(以下、「混合文字詩《シュリフト》」と呼ぶ)との相違を指摘する。

二　新国誠一の視覚詩と多和田葉子の混合文字詩《シュリフト》の比較

新国誠一の視覚詩

新国誠一は、先述の通り、一九六〇年代に世界各地で同時多発的に始まった国際的な前衛運動である具体詩の運動に関わり、視覚詩、音声詩などの実験的な作品を残した詩人である。一九六四年に詩人の藤富保男らとともに「コンクレート・ポエトリィの基礎研究とその他の詩的実験の試行」を目的とするグループ「芸術研究協会(ASA)」を立ち上げ、それ以降一九七七年に急逝するまで日本における具体詩運動を牽引した。(7) イギリスやドイツ、スイスなどのヨーロッパ各地で開催される「具体詩展」に出品しており、一九七〇年代には、フランスの詩人ピエール・ガルニエとの共同制作も行っている。

新国の作品の中で、とりわけ欧米・アルファベット語圏の読者を魅了したのが、漢字による構成詩である。それは、一頁に一種類、多くても二、三種類の漢字がいくつも反復的に列記されている詩である。その並び方あるいは配置は、漢字の意味に対応するように構成されている。新国没後三一年にして初となった回顧展の企画者のひとりである建畠哲は、この特徴を「頁でありプレートでもある」(8)と位置付けて、新国の視覚詩を次のように評している。

習慣的な文字のありようを極端化したのがこの碁盤の目なのだ。〔……〕私たちは見ると同時に定方向に読むことを誘われてしまう。しかし文字の密集した塊は、面としても認識されざるをえない。グリッドの構造は、その面を均質のものとして支配する。そこでは線行を追うのではなく、全体視の眼差しが要求される。その一望性を、読めてしまう個別の文字とその線行性が妨害する。読める文字の誘引力は強く、しかし面の存在の力も優位性を譲ろうとしない。結果として私たちは全体視と部分視、サイマルテーニアス(同時的)な面の広がりとシークエンシャル(継起的)な文字のありようとの挟撃にあって、視線を落ち着かせることができないのだ。(9)

わたしたちは習慣ゆえに、目の前のものを文字と認識するやいなや、文字列が成す線行を追って意味を把握しようとする。だが新国の視覚詩の場合、線行をなすのは同一の漢字の連続的な並びであり、馴染みある日本語の語句ではない。そのため、文を読むように「読む」ことはできない。そこで一頁全体を俯瞰するように視線を転じてみれば、頁を埋め尽くしている漢字の意味が頁全体の構成として浮かび上がる。わたしたちがこの詩を前にして「視線を落ち着かせることができ」ないのは、それがあたかも〈図と地の関係〉を作り出す図像のように、面としての全体視と、読める文字への部分視とを同時に誘うからだ。新国は自らの作品があくまでも言語芸術であることにこだわったが、図像としても、また言葉としても知覚しうる新国の詩に対しては、美術でも詩でもあるという見方が可能である。新国の詩にとっては、展覧会と印刷物が共に正当な発表の場とみなされていたという事実も[10]、彼の作品を美術と詩のいずれともみなしうることを示唆している。

新国の視覚詩に目立つ特徴は、文ばかりでなく単語をも解体し、文字を基本の構成単位とする手法である。このような手法にたどりつく以前の新国は「せっせと叙情詩を書いていた[11]」という。しかし第二次世界大戦を経て、言葉を信じることができなくなったことから、叙情詩とは異なる言葉の使い方を模索し始めた[12]。彼が叙情詩と異なる言葉との取り組みに踏み出したことを示しているのが『0音』(一九六三年)であり、その作品群に対して新国は、「象形詩」「象音詩」という名称を用いている。『0音』は、彼が欧米の具体詩を知る直前に発表した詩集であるが、そこでは具体詩運動を知る欧米人が驚いたほど、具体詩と酷似した手法が用いられていた[13]。本論が着目している漢字による構成詩は、『0音』後の一九六四年以降に東京で制作されたものだが、数種類の漢字を詩の基本構成単位とする手法は『0音』から踏襲されているものである。

文字のみで構成されてはいても、新国の詩は鑑賞者にわからないものをわからないまま眺め続け

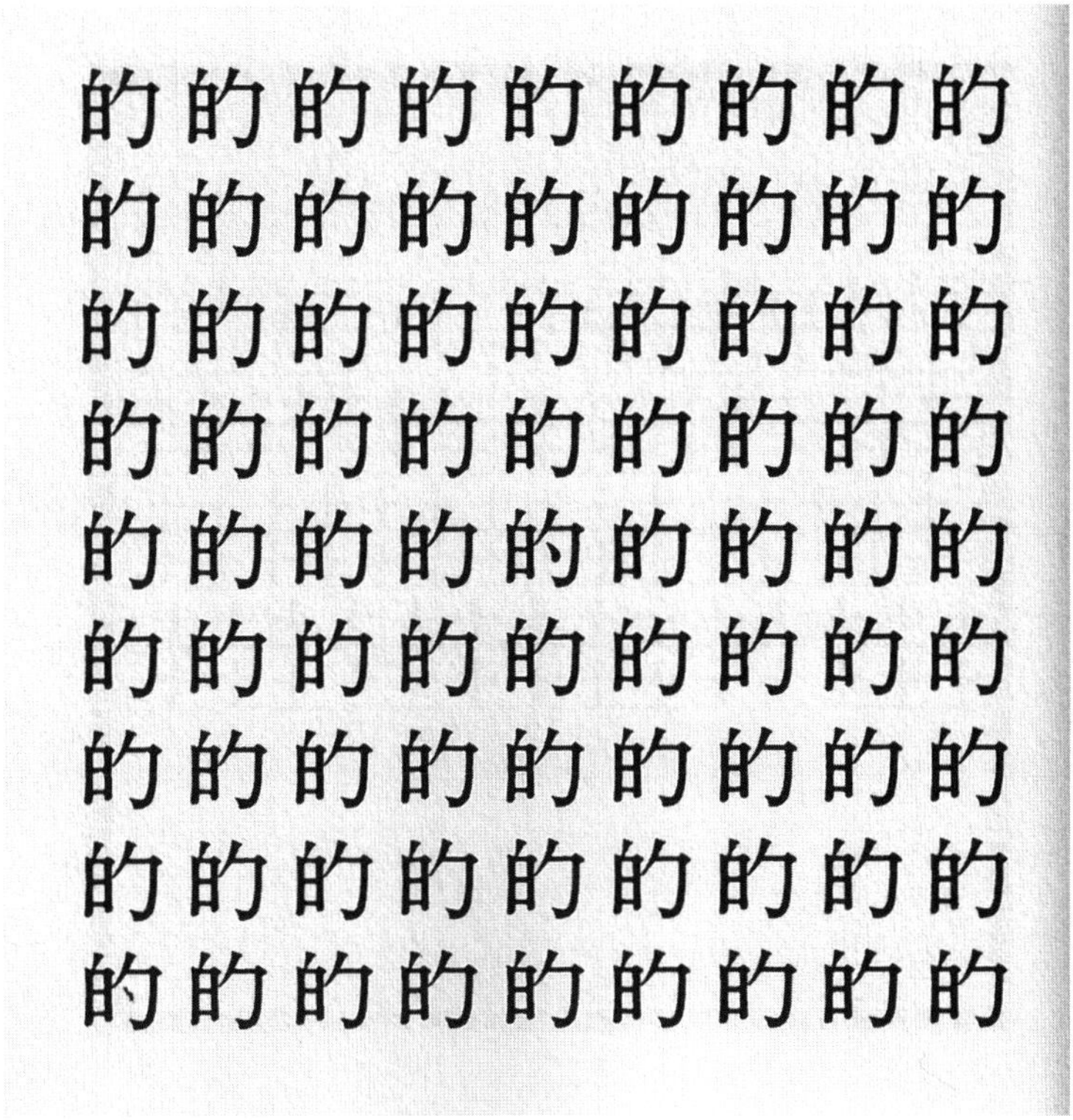

新国誠一の視覚詩「的＝target」(図１)[14]

る辛抱を強いるわけではない。むしろ直感的な理解が可能なのは、新国の詩が漢字の象形性を活かしながら、同時に漢字の意味を頁全体の構成に具体化しているためである。例えば「的＝target」(図1)という作品では、画面あるいは頁一面を「的」という漢字が正方形を形作るように埋め尽くしている。ただし、その正方形の中央に位置する「的」の漢字以外の全ての文字から「、」が抜かれている。もし、点を抜かれた「的」という字のみを注視する読者がいれば（部分視）、見ず知らずの漢字に驚くかもしれないが、少し後ろに引いて頁全体を俯瞰的に捉えれば（全体視）、たくさんの「的」という漢字が全体として的の形を為していることがわかるのである。また、漢字を知らない読者でも、タイトルから「的」の意味さえわかれば、その画面の構成を理解し、楽しみ味わうことができるだろう。漢字による構成詩が欧米・アルファベット語圏の読者を魅了したのは、この頁構成が補ってくれる情報を頼りに漢字の読解力という言語的制約を乗り越えられることがひとつの要因であろう。

多和田葉子の混合文字《シュリフト》詩

多和田の詩「Die 逃走 des 月 s」においても、主役は文字である。ただし冒頭でも述べたように、新国の漢字による構成詩とは異なり、「混合文字《シュリフト》」[15]であるのが特徴である。この詩は、ドイツ語のシンタクスを基本に構成されている。詩を構成する語句のうち、名詞、動詞、副詞、形容詞等の語幹部分の多くが漢字であり、語尾変化や冠詞、前置詞等の単語同士の関係性を示す部分がドイツ語になっている。そのため、漢字を理解できないドイツ語話者は、単語同士の関係性から詩の内容表現の動きや方向性は推測できるが、それ以上の情報は得られない。多和田と同じく第一言語ではないドイツ語を創作言語とするイルマ・ラクーザ（スロバキア出身）は、表記が混在するこの詩の性質を、言語の「共生」と表現しつつ、次のように指摘する。

多和田葉子「Die 逃走 des 月 s」(16)

Die 逃走 des 月 s

我歌 auf der 厠
da 来 der 月 herange 転 t
裸
auf einem 自転車
彼 hatte den 道 mitten 通 den 暗喩公園 ge 選
um 我 zu 会

戸外 die 道 entlang
散歩 e 歯磨 end eine 美女
auf der 長椅子 im 公園
飲 ein 男 in 妊婦服 林檎汁
Am 末 eines 世紀 s ist die 健康 eben 適

Im 天穿 ein 穴
Die 月的不安 Der 月的苦悩 sind 去
全「的」飛翔 活発
um das 穴 herum

Die 皺 des 深淵 s 平
Auf der 光滑 en 表面 der 苦悩
登場 die 詩人 auf 氷靴 an
月 我的 neben 我

ドイツで暮らす日本人の多和田葉子にとっては、このような共生こそが理想的な表現方法なのかもしれない。だが、片方の言語しかわからない読者にとって、他方の言語で書かれた箇所はやむなく不透明のままであろう。内容ではなく、図像や視覚的配列を読むという場合は別だが[17]。

ラクーザは、ドイツ語話者の立場から、自らの言語知識を越える未知の表記＝漢字の部分については「不透明のまま」になると述べている。だがこの詩の漢字熟語は、日本語話者にも異和感を覚えさせる場合がある。というのもそれらの漢字熟語は、ドイツ語の単語を表現するために多和田が独自に組み合わせたものだからだ。また、この詩のシンタクスはあくまでドイツ語であるために、日本語の送り仮名や助詞などの要素が存在しない。たとえば、「光滑」や「全『的』飛翔 活発」などの語句では、日本語での漢字の知識を持つ読者であれば漢字から意味を推測することはできるが、その推測を断定できない不確かさが残る。漢字を知らない読者にとって、そこには漢字の意味を読み解く手がかりが全くない。この詩をドイツ語と日本語の「共生」とみなすことが妥当であるかについての議論は後述するが、少なくとも表記の混在によって、この詩には以上のように、どんな読者にとってもどこかしら「読めない」部分が生じている。詩の内容について詩集の他所に解読する手がかりが隠されているわけではないため、読者はこの混合文字詩《シュリフト》のみから何かを読み取らなくてはならない。にもかかわらず、未知の表記は言表を明らかにせず、「不透明のまま」であり、読者はわずかに「図像や視覚的配列を読む」しかない。

それでは多和田の詩は、「図像や視覚的配列」を鑑賞すべき美術《ビジュアル・アート》、あるいはそれとの混成領域をなす詩なのだろうか。ここでは仮に、わたしたちが漢字を読めない場合を想定して新国と多和田の詩を比較してみよう。新国と多和田の詩に共通しているのは、用いられる漢字が日本語としての伝達の機能に限定されていないということである。新国の詩について、福住廉は「意味伝達の手段だけに貶められる文字をその機能から解放するというより、その機能を満たしつつ、文字という具体的な物質の力を前面化させる」[18]作品だとして評価する。新国の詩における漢字は、文を構成する単位となっておらず、隣り合う語との文法的関係を持たない。語彙同士の関係を作っているのは、文字の配置である。テクストを読む行為は通常、文字を知覚すると同時にその物的側面を忘却することによって成り立つ[19]。しかし新国の場合は、むしろ文字が目に見える形を持つことが、詩を成り立たせる重要な要素となっている。「物質の力を前面化させる」とは、文字が物的な形を持っていることが再認されるような仕方で言葉を用いているということであり、したがって漢字を理解できない読者はこの詩を図像として楽しめばよいことになる。

それに対して多和田の詩では、語彙の紙面上の配置はあまり問題にならない。その語と語の関係は文法によって、それもドイツ語のシンタクスによって成り立っている。多和田の詩で文字の物質性に注意が向かざるを得ないのは、それが読めない文字だからである。視覚詩の場合には、文字の物的側面へ注意を向けることが内容理解の手がかりになるのだが、多和田の詩の場合には手がかりとはならず、詩の内容は一向に「不透明のまま」なのである。したがって多和田の詩においては、むしろ「わからない」文字がそこにあることを体験させるために漢字が用いられているといってよい。文字がそれ自体として現れる多和田の詩において、漢字は「読むこと」を妨げつつ、文字を読むこととはなにかを読者が省察する機会を促している。

三　読むことの自明性を問う

以上のように、漢字を知らない読者を想定して新国と多和田の詩を比較したのは、両者における、漢字を知らなければ読めないという言語的制約を補う要素の有無を検討するためである。新国の詩の場合には、漢字を知らなくとも、全体視という、線行を目でなぞる読み方とは別のアプローチによって詩を楽しむことができる。それに対して多和田の詩では、文字あるいは言語を知らないというハンデを別の要素によって補うことができない。例えばドイツ語話者にとって、多和田の詩の漢字は「読むこと」を妨げる性質を持っている。つまり、「読めない文字」は「読むこと」を妨げる障害にしかならない。多和田の詩は、読者に「読むこと」を要請しているが「読めない」のである。それゆえに、読者の戸惑いはより強まる。だがこの作品は、必ずしも複数の言語に精通していることを読者に要求していない。なぜなら、この詩の本領は別のところにあるからだ。それは、読者に「読めない」体験をさせることである。

それではそもそもこの詩において、「読めない」体験をするとはどういうことであろうか。それは、全体が未知の言語で書かれている文字列が「読めない」のとは質の異なる体験である。そのような文字列の場合には、これからその言語を学習しようという人を別にすれば、積極的に読もうという人は多くないだろう。この詩は、部分的に読むことができるがゆえに、「読めない」をより自覚的に体験させられるのである。再びわたしたちが漢字を知らない場合を想定してみよう。ドイツ語のシンタクスを基本に詩行をなしているこの詩では、シンタクスから解放されている具体詩とは異なり、「読めない」ことは文字を音声に変換できないことを意味する。ジャック・デリダは『声と現象』や『グラマトロジー』において、西洋の形而上学が声に特権的な地位を与え続けてきたことを批判した。形而上学は、「自分が話すのを聞く[20]」ことが「内面的な自己触発[21]」であり、人間の意識そのものであるとみなしてきたのである。デリダによればそれは錯覚にすぎないが、そのようにみなすことによって、話す自分とそれを聞く自分との自己同一性を確認するのである。この詩では、読者にとっての既知の表記、つまりドイツ語が音声化を促すのだが、未知の文字で記された箇所は、意味を理解できないばかりか、音声化できない。つまり、部分的に「自分が話すのを聞く」ことが生じながら、未知の表記がその音声化を遮り、そこで自らの声が聞こえなくなってしまうのである。黙読であれ音読であれ、「自分が話すのを聞く」という行為はそこで中断されてしまう。したがってこの詩を読むことによる読者の戸惑いは、たんに詩の内容が理解できないからだけでなく、既知の表記が「読むこと」を誘いながらも、未知の表記が音声化を阻み、中断させることから生じるのである。デリダとともに言えば、それにより、「自分が話すのを聞く」ことによる自己現前が妨げられ、同時に自己同一性が揺るがされるのである。興味深いことにその経験は、漢字の知識を持つ読者にも生じうる。というのも、先述の通りこの詩の漢字は、多和田がドイツ語の単語に当てて独自に組み合わせた熟語であり、また送り仮名もついていないために、完全に読み方をひとつに決定することはできないからである。

既知の表記が読者を「読むこと」に誘うという特徴は、さらにある別の側面を持ちうる。すなわち、読者の経験が戸惑いだけで終わらないところに、この詩が「混合文字《シュリフト》」詩であることの特異性がある。というのも、全く異なる言語文化圏の表記を混在させることにより、それは読者を戸惑わせるだけでなく、詩に対するある種の積極的な姿勢を引き出す可能性があるからだ。ヨッヘン・ヘーリッシュは「読む」という行為を、ドイツ語の Sinn という単語の意味に着目しながら説明している。ドイツ語の Sinn（複数形 Sinne）は、「触覚（Tastsinn）」「五感（die fünf Sinne）」というように感覚や感性を表すと同時に、「語義（der Sinn eines Wortes）」「狭義で（im engeren Sinne）」などのように、「意味」を意味する。ヘーリッシュは「読む」という行為がこの二重性によって成り立っていることを指摘する。

読者とは、多大なる時間的・心的労力を前提とする仕事（そのために何年もの間、学校へ通う）にいそしむ者である。つまり、たとえ感覚《ズィンネ》が遭遇するのは目の前で踊っている黒い文字以外の何物でもないとしても、読まれたものが（ぴったりのアメリカ語法で言えば）意味をなす〔make sense〕ように、並んだ文字を解読するのである。〔……〕「読む」という名の奇妙な行為は、感性と悟性、感覚《ズィンネ》と意味《ズィン》の二重性がもたらす興味深い問題をきわめて明瞭に説明してくれる。私たちは読みながら、目の前にある奇妙な線や点や筋を見ているが、読み書きを覚えているため、つまりメディア的な条件付けを受けているため、これらをもはや線や点や筋としては知覚せず、意味と結びつけ、それらの意味を探るのである。(22)

文字は、その物的側面に注意を向ければ、直線や曲線の集積であるにすぎない。これを文字として認識し、またその「意味《ズィン》」を把握できるのは、わたしたちが学習することによって「感覚《ズィンネ》」と「意味《ズィン》」を結びつけることを習慣化しているからである。混合文字《シュリフト》詩における未知の表記を前にして、読者はその知覚と意味をつなぐことはできず、「読む」行為は意味把握の手前で宙づりにされる。それと同時に、部分的に「わかる」「聞こえる」「知っている」表記が、それを手がかりにして、穴埋め問題を解くかのごとく、読めない部分を補えるのではないかという推測を起こさせる。けれども推測は不安定な推測でしかなく、その真の解答は容易に出てこない。そうなると読者は、既知の表記の見方を変えてみようという気さえ起こす。つまりそこで読者は、自らの言語的理解を成り立たせていた基本条件を意識することになる。そしてこの詩から何かを得るためには、自分が今まで持っていたそのような価値観（理解の仕方）をいったん脇に置かなければならないということに気がつく。

〈自〉の自明性を問うこの積極的な読解を引き出すことこそが、混合文字詩《シュリフト》における「読めない」という体験の最大の可能性である。それはすなわち、「当たり前」に行われていた読解行為が中断させられることによって、自らの読解そのものに省察が向けられるということだ。この詩を「読む」体験には、読者自身の感覚《ズインネ》を自然に喚起し、意味解釈《ズイン》を誘うようなテクストを読む際の心地よさは皆無である。混合文字詩《シュリフト》は、書かれている内容の世界に読者を没頭させることはない。それはあたかも、読者から文学を読むことの醍醐味を奪い去っているかのようだ。かといって、全体が未知の言語で記された文字列のように、読者を全く受け付けないのでもない。この作品は、むしろテクストへの没入という「瞑想の安全域」(23)から読者を引き離しつつ、自らの芸術基盤である文字やそのメディア性に自己言及しているのだ。読者はそれに誘われて、自らの読解行為そのものを振り返ることになる。この詩では、全く異なる言語文化圏の文字が同時に現れることによって、読者自ら「当たり前」を問うようになるのだ。たしかにこの詩は、ラクーザが捉えたようにドイツ語と日本語の「共生」のようにも見えるかもしれない。しかしそのように捉えるとき、読者は既に自分が持っている価値観に囚われている。詩を積極的に「読もう」とすればするほど、そのことの不確かさは増すはずである。自明性を問うという作業は、この「わかりきっている」がゆえに安心で安全な領域から積極的に出ることであり、「わかる」あるいは「わかるはずだ」という偽りの感覚を自ら砕くことである。そのような作業を繰り返すことでようやく、自己の内にも外にも存在する〈他〉なる「わからない」ものと向き合い、そうしたものに対して少しずつ自己を開くことができるようになる。それはまた、異なる価値観や考え方、言語文化世界をもつ人々への想像力を鍛えることでもある。

混合文字詩《シュリフト》には、本論ではここまであえて示さなかった成立史がある。それは、多和田がその約二十年前に日本語で書いた詩「月の逃走」のドイツ語訳 Die Flucht des Mondes を部分的に漢字に置き換えているという事情だ。多和田によれば、この詩が生まれたのは、表意文字である漢字と表音文字である仮名を混用する日本語の表記法をドイツ人に説明しようとしたことがきっかけだったという。[24] つまりこの詩はいわば、ドイツ語を漢字表記する実験であった。このような試みは、既存の文学表現を革新するというよりはむしろ、本論で見てきたように、文学という自らの芸術表現の基盤である文字とそのメディア性を省察する自己言及的な作品を生み出した。『エクソフォニー』には以下のような記述がある。

わたしはたくさんの言語を学習するということ自体にはそれほど興味がない。言葉そのものよりも二か国語の間の狭間そのものが大切であるような気がする。わたしはA語でもB語でも書く作家になりたいのではなく、むしろA語とB語の間に、詩的な峡谷を見つけて落ちて行きたいのかもしれない。[25]

「A語とB語の狭間」に没入すること、あるいはヘーグとともに言えば、「境界線上にとどまる」

「内部からの越境」が、多和田の「母語の外へ出る旅」である。ドイツ語と日本語で書くこと、狭間に落ちて行くことを始めてしまったら、もはやその運動を止めることはできない。多和田は「頭の中にある二つの言語が互いに邪魔しあって、何もしないでいると、日本語が歪み、ドイツ語がほつれてくる危機感を絶えず感じながら生きている[26]」という。境界線上にとどまろうとする実践は、カオスという底なしの深淵へとどこまでも落下していく危険と隣り合わせにある。それでも多和田は、その根を張る大地のない場所で、ドイツ語と日本語の間の差異を手掛かりにして、それまで無自覚だったものに省察の眼差しを向け続ける。多和田文学の越境は、文字が読まれて理解されるという読む行為のメディア性の基盤を揺るがすと同時に、このメディア性を前提として成り立つ文学という芸術表現の基盤をも問い直す作業を繰り返す。その作業は、読む行為までもが「歪み」、「ほつれてくる危機感」を読者にも感じさせるものかもしれない。しかしその不穏な経験に読者が積極的に関わろうとするとき、言葉を読むこととの限界と、読むことの自明性を超えた先に何かがあるかもしれないことを想像する可能性との境界線上に立つことができる。その先にありうるものが何であるかは、個々の読者の想像力によって異なるだろう。確かなのは、多和田の詩「Die 逃走 des 月 s」が読者に、自己の内外に存在しうる未知の領域へ踏み出そうとする読みへの「逃走」を促していることである。多和田文学の越境は、異なる言語を容易に飛び越えるだけでなく、その境界線上の不安定な状態に置かれながら、それでも読者自身の内外に存在する〈他〉に向かって自己を開く可能性を示唆しているのである。

註

（1）多和田葉子『地球にちりばめられて』講談社、二〇一八年、二一〇頁。
（2）Heeg, Günther: Das Transkulturelle Theater. Grenzüberschreitung der Theaterwissenschaft in Zeiten der Globalisierung, in: Gerda Baumbach et al. (eds): *Momentaufnahme Theaterwissenschaft. Leipziger Vorlesungen*, Berlin: Theater der Zeit 2014, pp. 150-63.（ギュンター・ヘーグ「越境文化演劇について――グローバル時代における演劇学の越境」栗田くり菜訳、『研究年報』第三五号、慶應義塾大学独文学研究室、七〇―八六頁。）
（3）Ibid., p. 151.
（4）本書、一三頁。
（5）多和田の詩は、「月の混合文字(Die Mischschrift des Mondes)」という別タイトルを持っている。「混合文字」という訳は誤解を招く可能性があるため、「シュリフト」とルビをふり、ここに説明を補足しておく。「混合文字」は、たとえば円城塔の『文字渦』で登場する実在しない漢字のように、多和田によって独自に作字された文字のことではない。ドイツ語のシュリフト(Schrift)には、「文字」のほかに「書かれたもの」「文書」といった意味が含まれる。混合文字《シュリフト》詩はアルファベットと漢字という二種類の文字表記が混用された詩であることを強調しておきたい。円城塔『文字渦』新潮社、二〇一八年を参照。
（6）二〇〇八年一二月六日から二〇〇九年三月二二日まで国立国際美術館にて、新国没後三一年にして初の回顧展となる展覧会「新国誠一の《具体詩》――詩と美術のあいだに」が行われた。また二〇一九年には思潮社から、金澤一志の編集による『新国誠一詩集』が出版されている。
（7）金澤一志編「年譜」国際国立美術館編『新国誠一 works 1952-1977』思潮社、二〇〇八年、一八六―一九五頁および松井茂「空間主義・音声詩・ことばのオブジェ」同書、二一四頁を参照。
（8）建畠哲「矩形の聖域　新国誠一試論」国際国立美術館編『新国誠一 works 1952-1977』思潮社、二〇〇八年、二〇四頁を参照。
（9）同書、二〇八―二〇九頁。
（10）同書、二〇四頁を参照。
（11）同書、一八六頁。

（12）建畠晢／城戸朱理／金澤一志「いま、新国誠一　形象と意味のはざまで」『現代詩手帖』二〇〇九年二月号、一一頁を参照。

（13）Cf. Kamimura, Hiroo: Aktuelle konkrete und visuelle Poesie aus Japan. https://www.stuttgarter-schule.de/kamimura3.htm（閲覧日二〇二〇年三月二六日）

（14）新国誠一「的」『新国誠一詩集』思潮社、二〇一九年、八七頁。

（15）註3を参照。

（16）Tawada, Yoko: Die 逃走 des 月 s, in: Dies.: *Die Abenteuer der deutschen Grammatik.* Tübingen: Konkursbuch 2010, p.41.

（17）Rakusa, Ilma: Die Welt als Zeichen. Yoko Tawadas eigenwillige (Über)setzungen, in: *Text und Kritik.* Heft 191 / 192, 2011, p.75.

（18）福住廉「【artscape レビュー】新国誠一の《具体詩》詩と美術のあいだに」https://artscape.jp/report/review/ 1202697_1735.html（閲覧日二〇二〇年四月一七日）

（19）漢字は表意文字なので、テクストを読む際の音声化の過程においても、記号としての自律性が完全に音声に解消され（忘れ去られ）てしまうわけではない。しかし日常的な読む行為において、一つ一つの漢字がどのような形状をしているかに逐一注意を向けるという機会はそう多くはないだろう。ジャック・デリダ『グラマトロジー』足立和浩訳、思想社、一九七六年、五六頁、および「声の前でのアルファベットの消失」についての注釈（三〇〇頁）を参照。

（20）ジャック・デリダ『声と現象』高橋允昭訳、理想社、一九七〇年、一五〇頁。

（21）同書、一五〇頁。

（22）ヨッヘン・ヘーリッシュ『メディアの歴史――ビッグバンからインターネットまで』川島建太郎他訳、法政大学出版局、二〇一七年、三、七頁。

（23）ハンス＝ティース・レーマン『ポストドラマ演劇』谷川道子他訳、同学社、二〇〇二年、一三七頁。

（24）Cf. Goto, Kanako / Thele, Andreas: Expérience Tawada, Expérience inédite ――多和田葉子の言葉を旅する https://orbi.uliege.be/bitstream/2268/225243/1/Expérience%20Tawada_version_preprint_auteur.pdf（閲覧日二〇二〇年四月一七日）

（25）多和田葉子『エクソフォニー――母語の外へ出る旅』岩波書店、二〇〇三年、三二頁。

（26）同書、五〇頁。

第四部　音楽劇の挑戦

第七章　罅割れる憧憬——クリストフ・マルターラー演出《美しき水車小屋の娘》における歌う主体の複数化と家父長制的文化への抵抗

針貝真理子

フランツ・シューベルト（一七九七—一八二八）作曲の連作歌曲集《美しき水車小屋の娘》（D七九五、一八二三—二四年作曲。以下《水車小屋》と表記）は、遍歴の旅へと意気揚々と出発した若者が、恋敵に敗れて川に身を投げる（という末路を暗示する）までの経緯を物語る独唱曲として知られている。若者の主観から語られるこの物語は、テノールによる男声独唱曲として歌われるのが一般的であるが、《水車小屋》上演史において際立った成果が認められている二〇〇一年のクリストフ・マルターラー演出[1]（初演　Schauspielhaus Zürich）においては、これが十二名もの人々による群像劇として演じられた。そこには三名の女性も含まれており、ひとりの男性によるモノドラマとしての原作の性格はここで大きな変容を遂げている。

《水車小屋》の物語は、一見単純素朴な私的恋愛譚であるかのように思われるが、のちに詳述する先行研究によれば、作曲当時の政治的状況による社会的閉塞感をも暗示している。この閉塞感がマルターラー演出における歌う主体の複数化により、作曲から二〇〇年近くの時を経た二〇〇〇年代の社会的現象に置き換えられて、舞台上に立ち現れるのである。さらに、一見したところごく個人的なものにすぎぬように思われる問題が、こうして社会の問題として提示されるとき、文化的アイデンティティをめぐるヘゲモニー闘争の構図がこの物語の中に浮かび上がってくる。

この社会的集団像に表れる文化的アイデンティティの様相を探るにあたり、まず次章では、シューベルト作曲の《水車小屋》に見える当時の社会的閉塞感を概観する。そして続く章で、マルターラー演出の上演分析を通して、現代における文化的アイデンティティの問題に迫っていきたい。

一　ウィーン体制下の閉塞感と「遍歴」のモチーフ

ほとんどが恋愛をテーマとしているシューベルトの歌曲は、一見したところ政治とは無関係の出来事を歌っているように思われるが、そこにこの作曲者自身が置かれた厳しい政治的状況が密かに反映されているということは、いくつもの先行研究によってたびたび指摘されてきた。(2)彼が作曲家として活動していたのは、ウィーン体制下での厳しい検閲により、言論の自由が著しく制限されていた時代であった。なかでも厳しかったのが、シューベルトがその才能を開花させた分野、歌曲《リート》の検閲である。[3] さらに彼は、同時代に巨匠として名を馳せたベートーヴェンのように貴族のパトロンの後押しで活躍の場を広げることもできず、経済的困窮のうちに夭折する。ゆえに彼が、それまで軽視されがちであった歌曲《リート》という芸術形式を洗練させ、「歌曲王（Liederfürst）」として今なお知られる存在となったのは、その厳しく制限された音楽活動の中でのことであった。彼は、生涯家庭を築くこともなく、[4]〈芸術家〉として社会的地位を確立して生計を立てる機会を得ることも叶わなかった、社会的に「居場所のない（ortlos）」人間だったのである。[5] 彼の実人生における「居場所のなさ」は、作中で執拗に取り上げられる「遍歴（Wandern）」という主題と深く関連していると言われている。[6]

中世から続く遍歴職人のイメージに端を発する「遍歴」というモチーフは、言うまでもなく《水車小屋》の物語でも中核を成している。これはシューベルトに限らず当時ドイツ語圏で広く好まれたモチーフでもあった。「遍歴文学（Wanderliteratur）」および「遍歴歌（Wanderlied）」の興隆が見られたのは、ゲーテに始まる数十年間であるが、この時代は、中世から続く職人の伝統が工業化によって衰退の一途を辿り、かつては遍歴職人として修行の旅に出ていた若い徒弟たちが労働者として都市の工場へと流れていくという時代の転換期だった。そのような中で「遍歴」のモチーフは、若きエリートたちが「父の家」からの自立を歌うための題材として用いられるようになる。[7] こうして「遍歴」のイメージは、遍歴の旅を通して主人公が成長を遂げる教養小説《ビルドゥングスロマン》や、のちに若者の間で流行するワンダーフォーゲルのような前途への希望と、失われつつある光景を惜しみ、まだ見えぬ未来を憂いながらあてもなく彷徨う者のメランコリーとのあいだで揺れ動くのである。[8] シューベルトにおいて前景化するのは後者であることが多いが、[9] 第一曲の〈遍歴[10]（Wandern）〉で意気揚々と始まり、最終曲の〈小川の子守唄〉で恋に敗れた自身の死を望む《水車小屋》には、まさにその両極が表れ出ていると言える。

たびたび指摘されているように、シューベルトの音楽には、幸福な場面を思わせる語にも一縷の悲しみを滲ませ、絶望的と思われるような言葉にも一抹の明るさを忍ばせるという特徴があるが、言葉の示す状況に反して湛えられる音の明るさには、彼自身の現実的生では果たされることのない、芸術による夢想世界にのみ現れる儚い救済が表現されている。[11] この世の居場所をなくして破滅へと向かい、〈小川の子守唄〉で眠る《水車小屋》の主人公にもまた、唯一この夢想世界にのみ救済の道が残されるのである。

一方で《水車小屋》の詩を手掛けた詩人ヴィルヘルム・ミュラー（一七九四―一八二七）は、さすらう主人公によるこの物語を、民謡を思わせる素朴な言葉遣いで詠むことで、〈古き良きドイツ〉のイメージを演出している。[12] ドイツ統一を目指す市民革命が、旧態依然とした小国君主たちの妨害によってたびたび頓挫していた時代に生きたこの詩人は、いまだ存在せぬ〈統一ドイツ〉への熱情に駆り立てられていた。そして彼が、民謡（Volkslied）の中にドイツ民族（Volk）の姿を見出そうとしていたことは、《水車小屋》のエピローグにおいて「質素に、芸を凝らさず仕立て上げられ、高貴なドイツ的粗野で飾り立てられ[13]」と、民謡的な装いが醸し出すドイツ性を明言していることからも明らかであり、これがナショナリズムの文脈に接続されていることは疑い得ない。[14] 主人公である「私（ich）」

の主観から語られるこの物語の背後には、民謡そして中世の遍歴職人のイメージを通して、ドイツ民族という集団の形象が透けて見えるのである。

そのような文脈に鑑みるならば、「遍歴」というモチーフの示す「居場所のなさ」もまた、ドイツ的ナショナリズムから遠のいていることの証にはならない。自らの居場所を切望して彷徨うその動きはむしろ、哲学者ジル・ドゥルーズと精神分析学者フェリックス・ガタリがドイツ・リートについて指摘しているように、「たえず失われ、見出される、あるいはいまだ見ぬ祖国に向かうという〈生まれ故郷〉に固有の情動」[15]の表れなのである。〈生まれ故郷〉としての〈統一ドイツ〉は、いまだ存在せぬものであるからこそ、その実現を強く希求される。ドイツ統一への夢と、その際に再評価される中世ドイツ、すなわち神聖ローマ帝国のイメージが、詩人ミュラーの時代には反権力でリベラルな市民のものであったとしても、その後のドイツの歴史を振り返るならば、神聖ローマ帝国の後継を謳う第三帝国の称揚したイメージに連なりかねない。そしてミュラーの詩に基づいてシューベルトの音楽が紡ぎ出す夢想世界もまた、解釈によってはそうした〈生まれ故郷〉の幻影となりうる危うさをはらんでいる。[16]では第三帝国の時代を経たその後の時代において、《水車小屋》の持つ社会的側面はどのように解釈されうるのだろうか。その一例を、二〇〇一年のマルターラー演出に見たいと思う。

二　歌う娘たち——マルターラー演出に現れる異質な他者

《水車小屋》のマルターラー演出に最も顕著な特徴は、本来独唱曲であるはずの楽曲が集団で歌われるという点と、本来男声によって歌われるはずの楽曲を女声も歌うという点にあることはすでに述べた。クリストフ・マルターラーは、舞台音楽家から演出家に進んだ経歴の持ち主であり、楽曲分析に基づいて音楽それ自体の良さを生かしつつも元の作品を大胆に脱構築した、独自の音楽劇の演出で知られている。《水車小屋》演出においても、彼はドラマトゥルクのシュテファニー・カープと共に、《水車小屋》の内外に垣間見えるシューベルトやミュラーの様々な側面を巧みに提示しながら、《水車小屋》を現代の文脈に置き換えて再解釈して見せるのである。

《水車小屋》の舞台装置は、もともと『不安ホテル（Hotel Angst）』（初演　Schauspielhaus Zürich 二〇〇一年）という上演作のために作られたもので、実在する古いホテルを模したその舞台空間はスイスの「故郷」を想起させる。舞台装置を手掛けたアンナ・フィーブロックによると、《水車小屋》には、その空間で「同居人たちの共同体《ゲマインシャフト》（Wohngemeinschaft）[17]」が歌うという舞台構想があったという。[18] 舞台上に設置されているのは、シューベルトやミュラーの《水車小屋》の主人公が歩く美しい森や田園風景ではなく、古い寂れたホテルの室内である。そこには外部へと接続する窓がなく、閉ざされた空間として設計されており、閉塞感を醸し出している。舞台奥には、シューベルトやミユラーの時代を思わせるビーダーマイヤー風の食堂と、アップライトピアノの置かれた小部屋があり、手前には、二台のグランドピアノと大きなダブルベッドが置かれた広間が広がっている。このベッドは、《水車小屋》のために『不安ホテル』の舞台装置に付け加えられたものなのだが[19]、それは、劇評でも指摘されているように、シューベルトの夢想世界へと足を踏み入れるための装置に他ならない[20]。

舞台は、最終曲であるはずの〈小川の子守唄〉で始まる。本来ピアノが奏でるはずの伴奏の音がア・カペラで歌われ、薄暗い舞台に静かに響き渡る。そのリズムは、恋敵の鳴らす角笛とゆりかごのリズムであり、同時にシューベルトが「救済への道」へ向かう足取りを示すのに度々使ったものだと指摘されているが[21]、舞台上に可視化されるのは、救済には程遠い足取りである。奥の部屋と手前の広間の境界線となる窓枠の上を、四人の男性が窓枠上部に圧迫されるかのように背を丸めながらゆっくりと歩いている。不安定な足場の上を行くその姿は、「遍歴」し続ける男性たちの抱える不安やぼんやりとした絶望感、そして自信のなさを一目で印象づける。奥の部屋に腰掛けて伴奏を口ずさむ女性たちも、身じろぎもせず無表情で虚空を見つめている。この物語の主人公たちは、冒頭からすでに疲れきっており、「遍歴」の足取りは早くもメランコリーに支配されているのである。

ピアノで奏でられる代わりに合唱で歌われる伴奏に乗って主旋律を歌い始めるのは、テノールではなく、メゾソプラノ歌手のローズマリー・ハーディである。そして、クラシックの規範からは外れているが、優れた歌い手でもある俳優、グラハム・F・ヴァレンティンの細い裏声がそれに続く。

テノールの音域をはるかに超えた高音によってこの旋律が歌われることによって、男性性の典型とは対極的な性質が強められる。ただし、この高音が男声によっても歌われることから、それは単純に女性性の典型へと向かうのではなく、強く逞しい男性像からの逸脱という性質を帯びるのである。

この子守唄からは、「よきやすらいを(Gute Ruh)」で始まる第一連と、「おやすみ(Gute Nacht)」で始まる最終連のみが繰り返し歌われ、心地よい歌声が、諦念に満ちた主人公たちを安らかな眠りへと導いてゆくかのように思われるが、それは突然鳴り響くピアノによって中断される。ピアノが奏でるのは本来の第一曲〈遍歴〉の前奏である。音楽学者ゲオルギアーデスの分析によれば、この曲のピアノ伴奏は、一見単純素朴なバスを基底としながらも、期待される和声進行を裏切って反復することで、「くりかえしくりかえし自発的に更新し、それ故また決して堰止められないエネルギー」[22]を楽曲構造としているという。彼はまた、伴奏が現実的な歩行のリズムとは一致しておらず、「いわれのない性急なもの」[23]を感じさせることで、内面的なエネルギーの表現となっていることも指摘しているが、音楽学者デュルが述べているように、この曲の歌詞は、まだ旅の途上を描いてはいない[23]。主人公は古巣の親方に別れを告げ、これから進む遍歴の旅に心躍らせているだけなのだ。

この歌は、マルターラー演出においては若い徒弟ではなく、水車小屋の娘役と思しき、赤いチェックのワンピースに白いエプロンという出で立ちの若い俳優、ベッティーナ・シュティッキーによって歌われる。歌手ではない彼女は、名人芸を感じさせるようなディティールにこだわることなしに、地声のまま歌い放つ。コンサート演奏の基準からするならば素人的としか言いようのない彼女の歌声はしかし、歌う喜びを明確に表してのびやかに響き渡り、この楽曲が持つ、まだ見ぬ旅路への期待感と止まることを知らぬ若いエネルギーを存分に放出する。堂々と舞台中央に立って楽しげに歌う娘と、その背後で疲れ果てた「遍歴」の動作を続けている男たちとの対照的な構図が、「遍歴」のモチーフが持つ二面性を端的に場面化する。希望に満ちて歌う娘は、まるで新しい玩具を手にした子供のように、一連目のみを飽くことなく繰り返すが、その内面的歩行は、足を踏み外した男たちの転倒の音と、彼らが潜り込むもう一台のピアノが鳴らしはじめる別のリズムの介入によって混線させられ、あえなく中断されてしまう。呆然と立ち尽くす彼女を尻目に、耳を塞がんばかりの騒音にまで至ったリズムの混乱は、やがて主人公を導く小川の流れを表す滑らかなピアノ前奏へと移行し、まるで何もなかったかのように、ベッドに横たわるテノール歌手クリストフ・ホーンベルガーが次曲の〈どこへ?(Wohin?)〉を歌い出す。歌う楽しみを中断されたシュティッキーを慰めるかのように、俳優アルテア・ガリドの演じるもう一人の娘が歩み寄る。ガリドに手を引かれて、二人はホーンベルガーの側へと移動するが、一方で自らの歩みが向かう先を夢見ているかのように目線を彷徨わせる彼は、彼女らの存在に気づきもせず歌い続けるのである。

マルターラー演出ではこのように、《水車小屋》の物語が体現する主人公の主観とは相容れぬ生身の女性が登場し[25]、あろうことか男性主人公のものであったはずの希望を横取りしてしまう。しかし、彼女が直接身体的危害を加えられる場面こそないものの、自ら歩む道に希望を見ていた彼女の歌は妨害され、その声は沈黙させられ、そして彼女はあたかもそこに存在しない者であるかのように遇される。冒頭の子守唄が垣間見せたかのように思われた夢想世界を突如中断して始まり、〈遍歴〉の歌で予期せず登場する娘の声は、共に舞台に立つ男性たちによって、邪魔な雑音として排除されたのだと言えるだろう。

男性のモノローグによって語られる《水車小屋》の物語において、水車小屋の娘という女性の内面が男性主人公の主観から顧みられることはなく、娘は恋敵とともに主人公を破滅させて気に病むこともない一種の悪役とされている。この構図がマルターラー演出ではさらに強調されて、娘と恋敵は一体化した形象として提示される。ミュラーの物語において、粉挽きの職人徒弟である主人公の恋敵となって娘を奪い去る狩人は、マルターラー演出においては娘たちによって演じられるのである。男たちが共同作業に失敗して倒れているところに、狩人の帽子と銃を携えた娘たちが登場する。銃を構えて獲物を狙う彼女らはしかし、その合間に鳥獣めいた声で叫ぶことによって、自身が、獲物を狩る者であると同時に狩られる獲物そのものであることを示す。そこには、強者の側に立つことによって自己の不安や劣等感を克服しようとする弱者の無意識、あるいは意図的な生存戦略が表れている。こうして彼女らは、狩られる側であるにもかかわらず、狩る側である強者男性の論理を内面化した女性として、自己を提示するのである。(26)

敗者である主人公は、強い勝者と差異化することによって自身のアイデンティティを構築する。そこに生まれるのが、〈与えられるはずのものを与えられなかった者〉という自己像であるが、そこには哲学者ケイト・マンが言う意味でのミソジニーが表れている。ミソジニーという概念を女性嫌悪と同義に捉えるのではなく、家父長制秩序を温存させるための支配システムの一形態であると定義[27]した彼女は、その秩序の中で、女性は「与える者(giver)」であることを求められ、「与えられる者」である男性が受け取るはずのものを奪ったとみなされた途端に社会的懲罰を下されること、被害者であるはずの女性でさえも、その罰を是認してしまうことを例証している。[28] こうして彼女は自戒を込めながら、ミソジニーという概念を、男女問わず誰もが囚われうる支配システムとして再定義した。マルターラー演出では、娘たち自身もまた上記のようなミソジニーや家父長制を内面化し、それを再生産する主体として現れている。こうして、物語のなかでは語られる対象にすぎない娘たちが舞台に上がることによって、《水車小屋》の物語の背後に隠れていた家父長制的支配システムの存在が露わにされるのである。一方本作中には、この支配システムに対する違和感を、女性側の反応を通して浮き彫りにする場面も見られる。生身の娘たちに背を向けて夢想に耽るテノール歌手の横で、二人の娘たちは対照的な表情を見せる。〈遍歴〉の歌を妨害されたシュティッキーが、自らが被った出来事も忘れたかのように、テノール歌手の歌声にうっとりと聴き入る一方で、彼女を慰めに来たガリドは、憮然とした表情でベッドを睨んでいるのだ。

歌曲《リート》における主人公の主観による物語から排除される娘たちは、現象学者ヴァルデンフェルスの言う「異質な他者(das Fremde)」の現れでもある。それは「私たちの期待を越え、私たちの干渉の手から逃れ去ることで私たちを不安にさせ、魅了し、驚かせることによって、私たちを不意に襲う何か[29]」である。「与える者」であることをやめる瞬間、彼女らは社会的秩序の外部へと追放されるが、それによってその秩序自体の存在を浮き彫りにする。勝者としてであれ敗者としてであれ、その秩序に自己同一する人々の集団が、ひとつの文化的アイデンティティを形成する。いまだ存在せぬ〈生まれ故郷〉の希求もまた、自身にないものを与えられて当然のものとして求める心情と通底していると言えるだろう。マルターラー演出では、シューベルト作曲のピアノ連弾曲である《軍隊行進曲》(D七三三)が挿入され、狩人として振舞う娘たちの脇で倒れていた男たちは、マーチのリズムに操られるかのようにゆらりと身を起こし、夢想世界への誘導装置であるベッドの中で相争う。こうしてマルターラー演出は、人々が知らぬ間に囚われている支配システムを暴露するのだが、それと同時に、その秩序に抗う力をもシューベルトの歌曲から引き出して見せる。次章では、その抵抗について詳述したい。

三　支配システムの亀裂

マルターラー演出には三人の女性が登場することはすでに述べたが、彼女らはそれぞれに異なった女性像を示している。娘役シュティッキーは、ときおり彼女の身に降りかかる家父長制の理不尽を簡単に忘れ、いかにも善良な微笑みを浮かべながら、その制度内に息づく恋愛像に憧れている。もう一人の娘役ガリドは、基本的にはシュティッキーと近似した性格づけがなされているが、ときおり憮然とした表情を見せて、システムの理不尽への疑念を示す。この娘たちは、ロッカーの中に集めた男性のポルノ写真を二人で密かに眺めて楽しみ、恋愛への妄想を膨らませ、時に目配せや手招きで若者を誘うような仕草を見せる。男たちは、この若いふたりには遠巻きに関心を示すが、一方でメゾソプラノ歌手のハーディには見向きもしない。堂々たるプロの歌手である彼女が体現しているのは、経験と実力を兼ね備えた中年女性の像である。真っ赤な口紅と濃くきりりと描かれた眉、固く結い上げた髪は媚びない強さを印象づけ、上流階級的なドレスとアクセサリーは経済力を暗示する。彼女は曖昧な笑みで自己の感情をごまかすようなことはせず、理不尽に対しては怒りを露わにする。このように家父長制的秩序を脅かす彼女は、男たちの欲望の対象になるどころか、強く拒絶されるのである。

女性像におけるこの対比構造を最も端的に示すのが、この《水車小屋》演出に挿入されたシューベルトの別の歌曲、《光と愛》(D三五二)と《セレナーデ》(D九二〇)が歌われる場面である。《光と愛》では、ホーンベルガーとハーディの間にシュティッキーが立ち、歌手ふたりの重唱によって美しく繰り返される「愛は甘い光」というリフレインにうっとりと耳を傾けている。ハーディと同様に実力ある中年男性の像を示すホーンベルガーは、自らのパートの休止中に、歌うハーディをよそにして、シュティッキーの耳元に何事かを囁き続ける。そこで不快そうに顔をしかめるシュティッキーの表情から、そこでは何か卑猥なことが囁かれたのではないかと推測されるが、ホーンベルガーが歌い始めると、彼女は再び何事もなかったかのように彼の歌声に聞き惚れる。この場面からは、有能な女性の同僚の目を盗んで若い女性新入社員にハラスメントを働く、通常は有能な男性上司の姿などが連想されうるだろう。

続く《セレナーデ》は、「声をひとつにして叫ぶ」「私たち」が主語となる合唱曲である。そこでは、ひとりベッドに横たわるハーディと、一九世紀から二〇世紀初頭の家族写真を撮影するかのようなポーズで舞台中央に集合するその他の人々という、明らかな分断の構図が示される。家族写真の中心にいるのは、〈家族〉を召集する手つきで家父長的な役割を示したホーンベルガーである。だがひとたび歌が始まると、ハーディの独唱が家族写真の人々の合唱を先導し、家父長制秩序による〈家族〉からは、ひとりまたひとりと人々が離反し、ハーディの横たわるベッドへと潜り込んでくる。そして最後にはホーンベルガーを含む全員がベッドへ、すなわち夢想世界へと向かう装置へと移動するのである。ただし、そこで見られる夢は、もはや一体化した「私たち」という共同体の夢ではない。それは、大声で叫ぶ「私たち」が、最後には恋人の眠りを尊重して立ち去るという歌詞が示しているように、それぞれが個別の眠りに落ちることでもたらされる、新たな夢なのだ。それを先導するのがハーディという女性なのである。ここで、《水車小屋》を貫く家父長的秩序に亀裂が入りはじめる。「静かに、静かに、私たちはそっと、そう、そっとまた忍び歩いて、先へと立ち去るのだ！」という、詩人グリルパルツァーによる《セレナーデ》末尾の歌詞はこの場面で示唆的に響く。冒頭であえなく中断された娘の歩みはハーディによって再開され、さらにその歩みを支える動きが生まれるのである。

続く場面では、ヴァレンティンが《小さな靴職人（The Little Shoemaker）》（一九五一年作曲 フランシス・ルマルク、作詞ジェフリー・パーソンズ他)[30]という歌を口ずさみながら歩き出し、男たちも彼に続いて歩く。これは、踊る少女のために、彼女の気に入る靴を作る職人の喜びを語る歌である。その靴は、本上演の文脈においては、女性たちの新たな歩みのために用意されるものに他ならない。さらに、続いてシュティッキーによって意気揚々と歌われる〈狩人(Der Jäger)〉で、家父長制的秩序の夢は完全に打ち砕かれる。ここで彼女は、先ほどの場面のように「狩人」を内面化することなく、むしろ「狩人」を拒絶して、「あの狩人は水車小屋の小川で何を探しているのだ? 強情な狩人よ、お前の縄張りにとどまっているがいい! ここにはお前の獲物はいない。ここにいるのは、わたしのおとなしい小鹿だけだ」と歌う。獲物とされていた「小鹿」、すなわち欲望の対象となっていた彼女の身体や精神は、いまや彼女自身のものだと宣言されるのだ。一方でその歌の最中に、男性ポルノが隠されたロッカーをガリドが開けると、そこから全裸になった生身の男たちがぞろぞろと歩み出てくる。背中を丸めてとぼとぼと列をなす彼らの姿は、肉体美を誇示するポルノ写真の男たちとは対照的であり、強い魅力的な男性との恋愛という幻想を徹底的に打ち砕かれたガリドとシュティッキーは、顔を歪ませ、ショックに凍りつくのである。

そのショックの表現は、機械的な四拍子のリズムで鳴り続ける嬰ロ音に引き継がれる。一台のピアノがその音を鳴らし続ける一方で、弔鐘の音を表す嬰ロ音を基調にして、主人公の屈折した願望が展開される〈好きな色(Die liebe Farbe)〉[31]が男女重唱のア・カペラで始まる。主人公は歌詞の冒頭でこそ、恋敵の狩人を象徴する緑という色を自ら望んで、「緑色に装いたいんだ。緑色の枝垂柳を纏うかのように。僕の大事な人は、緑色が大好きなんだから」と歌い、気丈を装って強者と同一化しようとするが、シューベルトの音楽は、その内心に潜む絶望を先取りして、「僕のために、芝生に墓を掘ってくれ。緑の芝で、僕を覆ってくれ」という終盤の歌詞に同調する嬰ロ音をこの曲の冒頭から響かせている。マルターラー演出では、のちにもう一台のピアノが伴奏に加わるが、その伴奏が表す感情の揺れ動きにも動じることなく、また不協和音が生じるのも構わずに、一方のピアノは弔鐘の嬰ロ音を鳴らし続ける。マルターラーは、鍵となるその音を取り出して機械的なリズムで鳴らし続けることによって、個人の力ではどうにも動かし難い状況の無慈悲を印象づけるのだ。家父長制秩序が崩壊した今、強者男性との同一化による自己肯定がもはや叶わぬ主人公たちは、いまや男女ともにメランコリーに沈む。

そこへ、倒れた男たちの頭を跨ぎ越えて一人の俳優が歩み出で、「世に出ていきたい。ここを出て広い世界へ。あたりがこんなに緑色でさえなかったなら」と〈嫌な色(Die böse Farbe)〉を歌い放つ。それはやがて、次々と好き勝手に同じ歌を歌い始める人々の声とピアノによって混乱状態に陥り、個々の声などかき消されてしまう騒音の塊となって、聞くものの耳に襲いかかる。「世界、世界……(Welt, Welt...)」と壊れた機械のように繰り返し呻く彼らの声は、「痛い」「悲しい」を意味するドイツ語の間投詞「weh」を含むかのように響き、いつしか英語の「why」へと移行する。その「why」は、次曲の〈枯れた花(Trockne Blumen)〉のバスの音をなぞりながら、「なぜ私たちはこうなのか(why are we so)」という嘆きの合唱へと変わってゆく。たしかに、パヴァーヌという緩やかな二拍子のリズムで奏でられるこの旋律は、ゲオルギアーデスによると、ゆったりとした歩行のイメージ、それも「厳粛な、葬送行進曲風の足取り、弔いの歌の歩み」(32)を暗示している。彼らの合唱を伴奏に、〈枯れた花〉の主旋律を歌うハーディの声が響き、それにホーンベルガーの声が続く。この痛みは、男女どちらかの主人公ひとりが担うのではなく、「we」と称する者たちによって共に担われるのだ。ただし、お互いが〈共感〉を媒介に一体化することはない。ここに響く全ての歌声は、不協和な騒音をたてる自分たちの姿を嘆きながら、〈わかり合う〉関係を示さぬままに、美しいハーモニーを形成している。ハーモニーは、互いを聴くことなしには成立しない。そこで彼らが醸し出す状況は、決してひとつに融け合うことなく、互いの存在の限界に触れることこそを共にする点において「無為の共同体(32)」を形成していると言える。この歌の痛みは、すれ違うそれぞれが抱える痛みとして互いに聴かれることによって分有されるのである(34)。

「なぜ私たちはこうなのか」。この問いには、それぞれが自己の痛みを主張しあうばかりで他者の痛みを顧みないことで生じる不協和の騒音に対する嘆き、つまり、自己の死ではなく、他者との関係性の破綻という、社会の機能不全に対する嘆きが込められているように聞こえる。その嘆きへの応答となるのが、最後に再び繰り返される〈小川の子守唄〉である。疲れきった旅人をいたわる小川の声であるこの歌の主旋律は、ホーンベルガー、ヴァレンティン、ハーディの順で引き継がれ、それぞれ異なる立場から他者へのいたわりを示す流れとなっている。夢想世界を脅かす恋敵に言及する第三連、「悪い娘」のことは忘れるようにと言う第四連は歌われず、疲れた旅人に寄り添い、その人を眠りへと導く小川の声だけがここに残される。

前景で男たちがひとりまたひとりと眠りに落ち、夢想世界へと去っていく一方、奥の小部屋ではハーディがアップライトピアノを弾きながら歌っている。そこへ、水車小屋での労働を暗示するかのように粉だらけの醜い顔となったシュティッキーがやって来て共に歌う。音楽教師とその生徒のような後ろ姿は、いまや強者男性と一体化するための術もなく、全てを失ったかのような娘に、自他をいたわる術を教えている場面であるかのようにも見える。そして、悲しげに中空を見つめていたガリドがそこに加わり、三人の女性が暗闇のなか声を合わせて歌う場面で、この上演は幕を閉じる。ただ男たちに利するように「与える者」であることを強いられてきた彼女たちは、その秩序が崩壊した後に、奪い取る側に回るのではなく、いたわりの声を〈与え合う者〉となる道を選択する。「シューベルトがまだ終わりではないということが、これ以上美しく示されることはほとんどないだろう[35]」と劇評が言うように、この美しい最終場面は、《水車小屋》の孕む危うさを克服する鍵をも、シューベルト歌曲から導き出しているのである。

四　エピローグ

以上に見てきたように、マルターラーの《水車小屋》演出は、この歌曲の社会的側面に浮かび上がる危うさを抉り出す一方で、楽曲自体の潜在力を引き出しながら、危険を回避する道筋を提示している。その際に前景化するのが、家父長制的家族モデルによって形成される、〈強い男性〉による支配を基盤とした社会のありかたと、そこからこぼれ落ちてゆく者たちの姿であった。舞台美術を手掛けたフィーブロックの「同居人たちの共同体《ゲマインシャフト》」という舞台構想とは、必ずしも血縁関係にないが、感情を交わし合いながら共に生活する者同士が形成する社会の縮図に他ならない。

本作に展開される（うまくいかない）恋愛模様は、一見極めて私的で些細な事柄であるかのように思われるかもしれない。だが政治哲学者オリヴァー・マーヒャルトが指摘しているように、ジェンダーの問題は文化的アイデンティティの問題と不可分に結びついており、また文化というもの自体が、個人や集団のアイデンティティや政治性とは切っても切れない関係にある(36)。

ケイト・マンは、ミソジニーについて論じた著書の中で、二〇〇一年の本上演に見られたような家父長制的支配システムがその後の世界にもたらした政治的影響について、つぶさに論じている。マルターラーの《水車小屋》初演から一〇年あまり後に、主に白人男性のあいだに支持基盤を広げた極右の台頭が、世界中に広がっていく。その中でドナルド・トランプを支持し、一方でヒラリー・クリントンを苛烈に批判したのは、必ずしもトランプのような強者の白人男性だけではなかった。女性をも含む、この支配システムに取り込まれていた多くの者たちの支持によって、トランプは政敵を追い落とすことに成功するのである。家父長制的秩序という文化への順応は、事実このような政治的帰結をもたらした。マルターラー演出による二〇〇一年の《水車小屋》は、こうした状況を先取りして鳴らされた警鐘であったと言えるかもしれない。そしてこの舞台は、人々が家父長制的文化によって統一を図る共同体に一方的に組み込まれることなく、自身とは異なる他者の歌声に耳を傾け合うことで互いに「与え合う」、そのような分有の共同体を築く可能性を示唆しているのである。

註

（1）Cf. Günther, Martin: *Kunstlied als Liedkunst: Die Lieder Franz Schuberts in der musikalischen Aufführungskultur des 19. Jahrhunderts*, Stuttgart: Franz Steiner 2016, p.7. マルターラーによる《水車小屋》演出は、ドイツ語圏演劇におけるその年の最優秀演出が選ばれ、最も注目を集める演劇祭「テアター・トレッフェン」にも招待されている。なお本論の上演分析には、二〇〇二年に3Satでテレビ放映された映像を資料として用いた。また、楽譜は以下を参照。Schubert, Franz: *Die schöne Müllerin. Faksimile der bei A. Diabelli & Co. erschienenen Ausgabe von 1820*, Dürr, Walther (ed.), Kassel: Bärenreiter 1996.

（2）Cf. Dittrich, Marie-Agnes: »Für Menschenohren sind es Harmonien«. Die Lieder, in: Dürr, Walther et al. (eds.): *Schubert Handbuch*. Kassel: Bärenreiter 2010, pp.167-9. Kreutzer, Hans Joachim: Schubert und die literarische Situation seiner Zeit, in: *Franz Schubert, Jahre der Krise 1818-1823*, Kassel: Bärenreiter 1985, pp.29-38.

（3）Cf. Dittrich: Die Lieder, in: *Schubert Handbuch*, p.168.

（4）シューベルトは同性愛者であったとする説もある。(Cf. Dittrich: Die Lieder, in: *Schubert Handbuch*, p.174.) その説を採るならば、それゆえの孤独が歌曲に反映されているという解釈も考えられる。

（5）Kreutzer: *Schubert und die literarische Situation seiner Zeit*, p.31.

（6）Cf. ibid.

（7）Cf. Bosse, Heinrich / Neumeyer, Harald: »*Da blüht der Winter schön*«: *Musensohn und Wanderlied um 1800*, Freiburg im Breisgau: Rombach 1995, p.9-16.

（8）Cf. Bosse / Neumeyer: »*Da blüht der Winter schön*«, p.44; Bosse, Heinrich: Zur Sozialgeschichte des Wanderlieds, in: Albrecht, Wolfgang et al. (eds.): *Wanderzwang – Wanderlust. Formen der Raum- und Sozialerfahrung zwischen Aufklärung und Frühindustrialisierung*, Tübingen: Niemeyer 1999, p.151.

（9）Cf. Dittrich: Die Lieder, in: *Schubert Handbuch*, p.169.

(10) この曲は一般的には「さすらい」という邦題で知られているが、ドイツ語の wandern の訳語を統一するために、本論ではあえて「遍歴」と訳出する。

(11) Cf. Dittrich: Die Lieder, in: *Schubert Handbuch*, p.158, 159, 167. また以下の楽曲分析は、「遍歴」のモチーフを有するシューベルト歌曲に見られる夢想を政治的文脈に関連づけている。Zenck, Martin: Die romantische Erfahrung der Fremde in Schuberts „Winterreise", in: *Archiv für Musikwissenschaft*, 44. Jg., H. 2. Stuttgart: Franz Steiner 1987, p.160.

(12) 《水車小屋》にはドイツで古くから用いられていた、民謡詩行(Volksliedzeile)という韻律が〈小川の子守唄〉などで採用されている。また「民謡」との類似は、以下でも言及されている。Hatfield, James Taft: Vorwort, in: Müller, Wilhelm: *Gedichte. Vollständige kritische Ausg. bearb. von James Taft Hatfield*, Berlin: Behr 1906. Reprint. Nendeln / Liechtenstein: Kraus 1968, p.VII.

(13) Müller: *Gedichte*, p.3.

(14) Cf. Hatfield: Vorwort, p.VIII.

(15) ジル・ドゥルーズ/フェリックス・ガタリ『千のプラトー』宇野邦一他訳、河出書房新社、一九九四年、三八三頁。

(16) シューベルトの歌曲が持つ「民族性」がナショナリズムの文脈で評価された歴史については以下に詳しい。Günther: *Kunstlied als Liedkunst*, pp.227-37.

(17) Müller-Tischler, Ute et al. (eds.): *Anna Viebrock. Das Vorgefundene erfinden*, Berlin: Theater der Zeit 2011, p.68. Wohngemeinschaft という語は、日常的にはシェアハウスの同居人グループという意味で使われるが、この文脈では「ゲマインシャフト」の意味が前景化しているため、あえてこのように訳出する。

(18) Cf. ibid., pp.66-9.

(19) Cf. ibid.

(20) Cf. Kübler, Susanne: Dem Bächlein die Stimme, in: *Theater heute*, 3 / 2002, p.7.

(21) Cf. Dittrich: Die Lieder, in: *Schubert Handbuch*, p.229.

(22) G・トラシュブロス・ゲオルギアーデス『シューベルト音楽と抒情詩』谷村晃他訳、音楽之友社、二〇〇〇年、二八〇頁。

(23) ゲオルギアーデス『シューベルト音楽と抒情詩』二八一頁。

(24) Cf. Dittrich: Die Lieder, in: *Schubert Handbuch*, p.221.

(25) 詩人ミュラーが《水車小屋》の詩を書くきっかけとなる恋愛の相手、実在した女性ルイーザの名もまた、同女性名が繰り返し歌われるDer Jüngling an der Quelle（D.300）の挿入によって想起される。

（26）本文で後述する哲学者ケイト・マンは、夫からレイプ被害を受けたと訴え出たにもかかわらず、のちに彼を免責して称賛したイヴァナ・トランプの言動を例に挙げ、被害女性が優位な立場にある男性加害者の論理を内面化して、被害について沈黙する様を描いている。また、保守的な道徳的規範に従ったアメリカの白人女性たちが、「自分自身の利害」に基づいてではなく、夫や息子といった男性への感情移入（彼女はこれを「ヒムパシー」と呼ぶ）を通した判断によって、女性に対する性加害者への投票行為を行なっていたことも示している。ケイト・マン『ひれふせ、女たち――ミソジニーの論理』小川芳範訳、慶應義塾大学出版会、二〇一九年、二四―二七頁、三四六頁を参照。

（27）マン『ひれふせ、女たち』三四頁を参照。

（28）Cf. ibid.

（29）Waldenfels, Bernhard: *Grundmotive einer Phänomenologie des Fremden*, Frankfurt am Main: Suhrkamp 2016, pp. 7-8.

（30）フランス語で歌われていた原曲にParsonsらが英語の歌詞をつけたものが、The GaylordsやPetula Clarkのレコードにより、一九五四年に英米でヒットした。

（31）ゲオルギアーデス『シューベルト音楽と抒情詩』三六七頁を参照。

（32）ゲオルギアーデス『シューベルト音楽と抒情詩』三八三頁。

（33）ジャン＝リュック・ナンシー『無為の共同体―哲学を問い直す分有の思考』西谷修他訳、以文社、二〇〇一年、五―七六頁を参照。

（34）本場面と、ナンシーの「無為の共同体」との関連は、前原拓也の修士論文『問い直される「歌う」という行為―クリストフ・マルターラー《美しき水車小屋の娘》を例として』（慶應義塾大学、二〇一七年）で指摘されている。そこで前原は、「共同体と途絶させること、共同体を完成するような全体性を途絶させることが、共出現の法そのものなのである。特異存在は他の特異存在に対して現われ、特異なままにそれらへと通わされる。それは接触であり伝染である。つまり触れ合いであり、存在の縁での震えを中継することであり、われわれを似通わせる情熱の、ないしわれわれが似ていて共同で存在しているという情熱のコミュニケーションである。」（『無為の共同体』一一七頁）という箇所を引用して、次のように述べている。「本作品での『歌う』という行為は、ある合一を目指し、そしてそれが挫折することを描き出すが、共に『歌う』という行為を通じて通い合うことにより、共同の存在であることを露呈させるのだ。それは、ある合一を示さず、存在の縁で文字どおり歌声を通じて『震え』合いながら、共出現を露呈する。マルターラーは、合一モデルの共同体が挫折

することでしか描き出せない存在の共同性を、『歌う』という行為を通じて描き出す。」（三七頁）

（35）Kübler: Dem Bächlein die Stimme, p.7.

（36）Cf. Marchart, Oliver: *Cultural Studies*, Konstanz: UVK Verlagsgesellschaft mbH 2008, pp.33-6, p.176.

（37）マン『ひれふせ、女たち』三三八—三四七頁を参照。

第八章　越境のオペラ――オペラの越境

シュリンゲンジーフの《さまよえるオランダ人》演出を例に

北川千香子

一　シュリンゲンジーフとオペラ

クリストフ・シュリンゲンジーフ（一九六〇―二〇一〇）は、あらゆる意味で「越境 Grenz-überschreitung」を体現した芸術家であった。この用語は新奇で挑発的な芸術に対して多用されるようになり、もはや際立った特徴を言い表す効力を失ってしまったかもしれない。[1] それでもやはり、型破りな方法で様々な境界を超えていったシュリンゲンジーフの突出した芸術を、これ以上に明瞭に特徴づける用語は他にはないように思われる。日本では、カルト映画『ドイツチェーンソー大量虐殺』（一九九〇）の映画監督や、『外国人よ、出て行け！』（二〇〇〇）と題された、差別主義に対する挑発的パフォーマンスの演出家として知られる彼の芸術活動は、文化間の境界、個々の芸術ジャンルの境界、そして芸術そのものの枠を拡張させて芸術と生の境界を流動化させた。そしてしばしばタブーの領域に踏み込んで、ハイパーメディア性とハイパーテクスト性が極度に肥大化したその美的戦略によって観客の受容の限界に挑んだ。越境する芸術は、シュリンゲンジーフにとっても自らの枠を越境し、彼の主要な活動領域である映画・演劇の枠組みを超え出る芸術プロジェクトの実現に至らしめた。

とりわけオペラの領域で、シュリンゲンジーフは最期まで異端であり続けた。二〇〇四年のバイロイトでの《パルジファル》が彼にとって初のオペラ演出となったが、これはバイロイトの演出史における決定的な転換点となっただけでなく、「彼の芸術の極点(2)」であり転回点でもあった。それ以降、彼はいくつかのオペラを演出あるいは創作しただけでなく、自らの演劇やパフォーマンスにおいても、ワーグナーのオペラ作品の主題や音楽をたびたび取り上げた。以来、亡くなるまでオペラは彼の芸術活動の一つの重要な柱となり、最晩年にはアフリカの「オペラ村」のプロジェクトに結実することとなる。しかしその完成を見ることなく、二〇一〇年に彼はこの世を去った。

シュリンゲンジーフにとってオペラは、異他なるもの(das Fremde)であると同時に自らのもの(das Eigene)でもあった。オペラはいわば西洋文化の権化であり、ドイツにおいては「国民文化Nationalkultur」の象徴として認知されてきた歴史がある。ワーグナーのオペラはその最たるものであろう。シュリンゲンジーフは一貫してブルジョア文化への反目として芸術活動に取り組んできた。

「高級文化のエリート的な輝きの上位概念」[3]であるオペラは当然、克服の対象だった。彼は伝統と慣習の上に築き上げられてきたオペラ文化というシステムと、それを支える多くの観客のオペラ受容のあり方を、閉鎖的で硬直したものとして痛烈に批判した。しかし一方で、オペラという芸術ジャンルが持つマルチメディア性は、「総合芸術家」[4]と称される彼の美学と共鳴しただけでなく、彼はオペラのマルチメディア性、特に音楽という芸術要素に越境の潜在的な可能性を見出していた。[5]そもそも、台本と音楽が進行を主導するオペラという芸術媒体においては、演出と原本との間にしばしば齟齬や摩擦が生じる。そのため、演劇やパフォーマンスにはない内在的な緊張ないし拮抗がある。この内在的な緊張はしかし、新たな創造のエネルギーになっていることもまた事実だろう。これはシュリンゲンジーフのオペラ演出の場合も例外ではない。

彼の新しいオペラへの模索を最もラディカルに具体化した例は、「アンチ・バイロイト」をモットーに掲げた、アフリカでの「オペラ村」のプロジェクトであろう。それは生と芸術を再び接続することにより、「我々が行なってきたような、四肢を切り落として生命も即興芸術も霊性もなくしてしまった催しとしてのオペラ以前の、かつてのオペラの姿」[6]を再発見しようとするものだった。このプロジェクトの直接的な布石となったのが、ブラジルのマナウスで二〇〇七年に上演された《さまよえるオランダ人》(以下《オランダ人》と略す)の演出である。シュリンゲンジーフはこの演出について、次のように回想している。「この高級文化を爆破しなければならない。それは破壊するということではなく、それとは無縁の人々、再びエネルギーを投入してくれる人々を巻き込むということだ」[7]。これが彼の標榜した「民衆オペラ Volksoper」[8]の真髄である。

オペラという芸術メディア同様、人としてのワーグナーに対しても、シュリンゲンジーフの態度は極めて両義的であった。ワーグナーのオペラは、ドイツ人の文化的アイデンティティを形成する触媒として機能してきた歴史があり、現在でもなおその史実が、彼とその作品の受容に少なからぬ影響を及ぼしている。一方で、ワーグナーが後半生で次第に鮮明にしていった人種主義的、排外主義的なイデオロギーを、シュリンゲンジーフは嫌悪し拒絶した。しかしそれでも、シュリンゲンジーフにとって矛盾とカオスに満ちたワーグナーその人と彼の芸術は、九〇年代以降に本格的に取り組むようになって以降亡くなるまで、重要な参照点であり創造の源泉でもあり続けた[9]。なかでもワーグナーへの強い親和性は、「民衆」を主体として芸術によって社会変革を志向する「総合芸術」というユートピア的な理念を追求したことにある。シュリンゲンジーフは同時にそれをグローバルな視座へ拡張し、ドイツ文化におけるワーグナーという問題を乗り越えようとした。

本稿では、二作目のオペラ演出となった《オランダ人》において、シュリンゲンジーフがどのように越境を実行し、それによってオペラ文化にいかなる地平が開かれたのかを考えてみたい。

二　越境文化演劇

シュリンゲンジーフのオペラ演出を読み解く際に、「越境文化演劇」という研究視角が一つの有効な手がかりとなる。提唱者である演劇学者のギュンター・ヘーグによれば、複数の文化がますます錯綜しハイブリッド化する現代社会は、自他の文化を明確に区別することを前提とした従来の「相互文化《インターカルチュラル》」という見地では解析できず、そうした前提が、本来の意図とは裏腹に、文化間の溝をより深めてしまう危険を孕んでいる。むしろ大事なのは、自らの文化の自明性を問い直すことである。その手段となるのが「越境文化演劇」という視点であり、その要諦をヘーグは以下のように述べている。

> 越境文化演劇は、異他なるものに目を向ける上で決定的な媒体となる。〔……〕越境文化演劇は、それ自体で完結した、それぞれ区別された文化を関連づけようとすることを出発点とはせず、自らに固有のものだと思っている、いわゆる国民文化の内部における異他の体験を端緒とする。
> 〔……〕
> 異他とは、我々の身に起こる体験である。その体験は、異他に対する我々の知覚を、自分自身の知覚が異他のものとなるまでに異化する。異他の体験とは自らの内部での異他の体験である。〔……〕この体験から出発することで、初めて越境文化的なコミュニケーションが可能になる。[10]
> （強調は筆者）

ここで強調されているのは、異他が自分から遠く離れた場所にあるのではなく、自らの内で生じるものであるということだ。自分自身の中にあるもの、あるいは自文化の中にあるものに対して、まずは異他なるものとして目を向けること、自明性そのものを批判的に問い直すことからしか、文化間の理解や共生への道は開かれない。自らの内にある異他に目を向け、それを知覚可能なものにするツールが越境文化演劇という研究視角である。（ヘーグの越境文化演劇の理論についての詳細は本書の序章を参照されたい。）

とはいえ、シュリンゲンジーフの芸術にこのモデルを当てはめようとすると、たちまち批判的な問いが浮上する。「私がここにいるのは、ドイツ人がどんなにすばらしいかを彼らに示すためではなく、ここにいる人々がどんなにすばらしいかを我々ドイツ人が学ばなければならない[11]」と、マナウスのプロジェクトについて彼が語る時、そこには、「我々」とは違う、遠くの他者への憧れがはっきりと感じ取れる。このプロジェクトが、このような自文化と異文化という固定化した二元論的な図式に基づいて、理想化した他者をカンフル剤にしてオペラを「蘇生[12]」させようというものであったなら、それは他者を道具として利用することを意味するのではないか。ブラジルやアフリカの文化に原始的な魅力、活力や真正さを見出そうとする彼の他者像は、かつてのプリミティヴィズムと同様の、西洋中心主義のステレオタイプ化された他者像と変わらないのではないか。

確かにシュリンゲンジーフの文化的他者に対する一連の発言や活動は、このような批判の対象とされてきた[13]。ただし、かつての異国趣味や植民地主義的な思考と決定的に違うのは、一つは、異他なるものに対する彼の接し方が「矛盾を孕んだプロセス[14]」だという点である。すなわち、理想化された他者像を屈折させることで、それへの同化を阻む要素が常に混在しており、異他なるものと自らのもののどちらか一方が他方を吸収することはなく、両者が同一の地平に統合されることもなく、絶対的な断絶とともに両者を共存させているのである。[15] もう一つは、シュリンゲンジーフがオペラ文化を、ドイツや西洋の文化的アイデンティティとして再構築することを目指しておらず、むしろそれを既存の枠から解放しようと試みた点にある。彼は、演劇は本来「治癒 Heilung」として機能しており、民衆の生活の一部であったと考えていた。[16] 自己のなかにありながら近代西洋演劇の発展に伴って異他の存在にされてきた、演劇の一側面に再び光を当てること、そして自文化も他文化も接点を持つような、二元論を超えた、儀式や祝祭としてオペラを再生すること、演劇学者マティアス・ヴァールシュタットの言葉を借りれば、「舞台の出来事を儀式化することによる再演劇化[17]」を目指していたと言えるだろう。本稿の後半で詳述するように、シュリンゲンジーフはそれを、異質な存在の多様性を綯い交ぜにするような類の「民衆オペラ Volksoper」として実現しようとしたのである。西洋人である以上、双方の文化の間で中立的な立場を保つことも、差異を解消することのできない両者の間で均衡を保つことも非現実的である。彼はむしろ西洋人の視点から見たアフリカや南米のステレオタイプ化したイメージに立脚する「戦略的本質主義」(スピヴァク)を武器に、西洋の伝統的な「高級文化」であるオペラの規範を無効化し、[18] 異他なるものへと徹底的に脱構築したのだ。

シュリンゲンジーフは、マナウスでのプロジェクトは「ここにいる人々」のために実行されたものだとし、その理由を以下のように述べている。

なぜなら、彼らのため für sie ではなく、彼らとともに mit ihnen 作り上げることができたからだ。そして自分自身のためでもあった。ワーグナーに関して自分は未だに模索者 Suchender であり、これからもそうありたいから。[19]（強調は筆者）

マナウスのプロジェクトは、西洋人が上から目線で現地の人々に施しを与えるような行為ではなく、彼らと同じ目線で行った共同作業であるとシュリンゲンジーフは強調する。この発言には、かつての植民地主義やエキゾチシズム（オリエンタリズム）が孕んでいた搾取の問題と自らのプロジェクトを差異化しようとする意気込みが読み取れる。彼の《オランダ人》演出は、オペラの舞台を単にブラジルの文化圏に置き換えるのでも、ドイツ文化とブラジル文化を融合するという相互文化的なアプローチでもない。彼はワーグナーの《オランダ人》を皮肉やパロディによって西洋文化という文脈から突き放し、マナウスという全く別の文脈の中に放り込むことによって、その文脈と同様に未知で異質なものとして向き合った。次章で詳述するとおり、異他の体験が連鎖するシュリンゲンジーフの演出は、現実を模倣する原作の再解釈や、原作の設定を現代や別の文脈に単に置き換えて再現表象するような、いわゆる読み替え演出という範疇には入らない。彼の芸術は、一つの意味や解釈への収斂を拒む「言説縮小に対する闘い Diskursverknappungsbekämpfung」[20]であった。その軌跡は、異なるメディアの混淆、オペラの筋とは全く無関係な人々の登場や出来事の同時多発、齟齬、亀裂、中断として現れる。そして、同化も予測も制御も不可能な体験空間に、観客も自らをも曝した。以下、具体例とともに越境の実践について詳しく見ていくこととしたい。

三　多重の越境

《さまよえるオランダ人》(一八四三年初演)は、近代イギリスで知られていた幽霊船の伝説とハイネの『フォン・シュナーベレヴォプスキー氏の回想記』(一八三四)に着想を得て、ワーグナーが初期に創作した「ロマン的オペラ」の一つだが、そのなかですでに、罪、苦悩、愛による救済という、彼が生涯にわたたって取り組むことになる主題が扱われている。そして、これらの主題自体が越境と密接に結びついている。例えば主人公のオランダ人船長は、時空を超えて「通過する存在 Transit-Existenz」[21]である。彼は太古の昔、神に対する不遜な言動によって呪われ、救済を求めて果てのない航海を続けている。彼に永遠の忠誠を約束する女性だけが、その呪いを解くことができる。そしてついにゼンタという運命の女性と出会い、オランダ人の魂は救済される。それもまた別次元へ、すなわち彷徨える状況を超えた永遠の世界への越境にほかならない。

ワーグナーの原作に描かれるこれらの越境が、シュリンゲンジーフの演出では知覚的レベルで拡張され、先鋭化される。異種メディアの混淆、混沌とした舞台美術、多数のエキストラの登場による過剰な視覚情報は互いに干渉し合うことなく並存し、ワーグナーの原典とも――直接的には――無関係に、独自の時間と空間を構築する。これによりオペラの観客もまた、早くも冒頭部分から越境を促される。つまり、舞台上の出来事を解釈して即座に意味づけするような受容態度はもはや不可能であり、聴覚と視覚に押し寄せてくる情報を整理も理解もできない状態にさしずめ自らを曝すよりほかないのである。

序曲が始まると、舞台を覆うスクリーン上に、葉の上で蛹が蠢きながら羽化するまでの様子が延々と流れる。幕が開くと、簡単に仕切られたいくつかの空間と、階段や鉄条網が無造作に置かれた回転舞台が現れ、その地面に描かれた白い十字架は、その空間が教会であることを示唆する。全体は混沌とした薄暗い空間である。中央に置かれたガラスケースは、祭壇や棺など、その都度機能を変える。第一幕の冒頭で、聖職者の姿をした複数の従者に伴われて、ゼンタの父ダーラントが司祭の姿で客席後方から登場する。彼は舞台に上がるや、燭台と聖典らしきものを中央の台の上に並べておもむろに儀式を始める。全体は儀式的な雰囲気に包まれているが、キリスト教的な要素だけでなく、アマゾンの魚を拝んだり生贄を捧げたりするなど、アニミズムや民間信仰の要素も混在する。儀式には子供から老人まで様々な年齢層の現地の人たちが大勢居合わせている。

舞台上には「異物」が偏在し、絶えず亀裂を生じさせる。とりわけ目を引くのが、ほぼ常時舞台上にいる、現地の若い女性ダンサーである。彼女は、オペラの筋に介入することもあるがそこに統合されることはなく、フィクションと現実の間を揺れ動く「異物」である。第一幕のダーラントとオランダ人との邂逅の場面で、ダーラントは、オペラの本来の筋とは全く無関係に、この女性を祭壇に横たえて、生贄のために斬首する。また、オランダ人が自らの呪われた身の上を嘆くアリアを歌う傍らで、全く意に介さない様子で、笑みさえ浮かべて軽快に踊りながら、深刻さを相対化する。すると次第に、周りの出来事とは無関係に踊る彼女よりも、苦悩を悲痛に訴えたり熱狂的に愛の幸福をデュエットで歌ったり演じたりしている歌手の方が異質で滑稽にすら見えてくる。

とはいえ、この女性ダンサーが象徴するような南米のエラン・ヴィタルと、《オランダ人》というオペラに漂う北方の重々しさといった単純化されたステレオタイプがオペラ全体を通して対置されているわけではない。第二幕は、恋人の寄港を待ちながら糸車を回す女性たちの合唱で始まるが、舞台上で彼女たちが回しているのは糸車ではなく、串刺しになったゴムの塊である。ここで思いがけず、この地域の歴史と現在にまで至るその社会的弊害への省察の契機が、陽気な仕事歌の背後に浮かび上がる。マナウス周辺の森林地帯では、インディオが古代から野生のゴムを利用していたが、これが植民地時代に西洋人によって発見され、一九世紀から二〇世紀初頭にかけてゴムブームが起こり、この街に繁栄をもたらした。この演出が上演されたアマゾナス劇場もその賜にほかならず、当時移住したヨーロッパ人によって、ヨーロッパと同じ水準を求めて一八九六年に建てられたイタリア・ルネッサンス様式劇場であり、植民地主義の遺産である。経済成長の反面、このゴムブームによって奴隷が安価な労働力で酷使され、木々は無計画に採取されて枯渇した。現在でも社会的なひずみは解消しておらず、経済格差は大きく、そのしわ寄せがファヴェーラと呼ばれる貧困地区に現れている。この地区はブラジル国民の所得分配の著しい不平等の産物であり、現在でも失業が高く、ギャングの抗争なども多い場所で、都市開発を阻む要因となっている。こうした背景ゆえに、貧困層と非識字者は今でも多く、ブラジルは豊富な資源を国力に生かすのが難しいと言われている。[22]シュリンゲンジーフは事前の現地調査でこのファヴェーラを訪ね、そこで出会った人々をこの演出に多数登場させた。彼らの存在は、地域の社会史や経済史が実際の舞台上の出来事とリンクする瞬間を生み出すと同時に、後述するように、オペラという芸術的な枠組みを打破する触媒となる。

異なるメディアの混淆は、異なる時空の層を生じさせ、攪拌する。とりわけ映像の多用がもたらす効果は大きい。演出全体を通して複数の映画が引用されるのだが、[23]それらは必ずしもワーグナーのオペラに描かれる物語への注釈でもなければ、舞台上での出来事への補足でもなく、むしろ時にそれらを断絶する。例えば《オランダ人》の第二幕の幕切れで、オランダ人とゼンタが互いに永遠の愛を誓い合う、全幕を通して最高潮に達する場面では、ピエル・パオロ・パゾリーニの映画『ソドムの市』(一九七五、イタリア／フランス)のワンシーンがスクリーンに投影され、幸福の絶頂であるはずの場面に亀裂を生じさせる。この映画は、第二次世界大戦で連合国に降伏したイタリアのファシストの残党である四人の男たちがサロという小さな町に秘密の館を建て、そこに狩り集めた選りすぐりの美男美女を、常軌を逸した性癖と淫蕩の餌食にした末に残虐な死に至らしめる物語である。演出で引用されるのは、館に拉致され、ここで番《つが》うことを強いられた一組の男女の婚礼の場面である。無表情でうつろな目をした二人は、画面の奥から白を基調とした寒々しい空間へと入場し、前方のカメラに向かってゆっくり歩みながら迫ってくる。この映像が、まるでフラッシュバックのように繰り返し舞台上に映写されるのである。これにその後の出来事が呼応することによって一つの意味の地平が開かれる。すなわち、オランダ人とゼンタが出会って結ばれるのは、奇跡でも運命でもなく、『ソドムの市』の新郎新婦のように第三者の奸計によるものだったということだ。そして不吉な予感は、オペラの幕切れの出来事によって確実なものとなる。原作では、ゼンタは最後にオランダ人への永遠の愛の証として海に身を投げるが、シュリンゲンジーフの演出では父親ダーラントによって刺殺される。ここでのダーラントは、原作のように財宝に目が眩んで娘を差し出すだけでなく、カルト集団の独裁的指導者としての性格を露わにするのである。このように、互いに不整合な視覚情報が、思いがけずリンクし意味を生成する瞬間が現れる。

ところが、こうして開かれた意味の層も、その後の目まぐるしい出来事のなかに埋もれていく。ゼンタが刺殺されると同時に、オランダ人はゴムの塊か蛹か判然としない巨大なオブジェに慌ただしく乗り込み、天井に吊り上げられて姿を消す。すると、舞台上のスクリーンに、ネグロ川を航行する船の上で《オランダ人》の音楽がオーケストラによって演奏される映像が投影される[24]。これは、ヴェルナー・ヘルツォーク監督映画『フィツカラルド』(一九八二、西ドイツ)の最終場面をリメイクしたものである[25]。このリメイク映像が投影された直後に、演出冒頭に登場した、羽化しようと蠢く蛹の映像が紗幕に映され、その奥でゼンタが着ていたドレスだけが抜け殻となって天へと昇っていく。オランダ人は昇天したのか、あるいはまた救済をじっと待ち続けることになるのか。ゼンタは「脱皮」して一人で次のステージへと向かうのか。このように、上演空間に提示される出来事は、連想をリゾーム状に広げていく。[26] 意味は接合しては分離する。それらを原理や概念にあてはめようとしても、そこから常に逸脱する要素が大きな全体への収斂を阻む。論理的に解釈して一つの意味や原理に還元しようとする試みは「挫折」が決定づけられているのである。

以上のように、ワーグナーの原作も、個々の芸術的要素から発せられる視覚情報も、歌手もエキストラもそれぞれが自律して動いている。登場人物たちは脱中心化される。もはや人間が中心ですらない。舞台上の人物はしばしば事物や映像に埋没してしまうからだ。すべての芸術要素がドラマの生成のために止揚されるべきであるとするワーグナーの「総合芸術」の理念とは対極的に、シュリンゲンジーフの「否定的総合芸術」は、有機的な結合よりも自律的な並存、収斂よりも分散、統合よりも重層化を特徴とし、個々の要素は階層化もされず和解することもなく、「開かれたポリフォニー」[27]が、不協和音を含んだまま全体をなしている。これは現実の世界が調和した統一体でないことと呼応している。そしてそれは、シュリンゲンジーフの民衆の捉え方にも反映される。

四　民衆

シュリンゲンジーフが《オランダ人》演出とともに志向した「民衆オペラ Volksoper」とは、オペラ文化を民衆へと開き、民衆をオペラへと開く、双方向の越境である。これは、ワーグナーの「総合芸術」の理念に強く影響を受けている。

ワーグナーの「総合芸術」とは、単に言葉、音楽、身体、舞台美術などの芸術的要素が統合された芸術を意味するのではない。それは、居合わせる人間、芸術と社会が一体となった「未来の共同体」を作ることをも志向する政治的な理念であった。こうした芸術観を動機づけたのは、一八四八年の革命への参加とその挫折である。政治活動によって実現できなかった革命を、美学的な領域で、もっといえば、自らが創造する「楽劇」という「未来の芸術作品」によって実現しようと考えたのが「総合芸術」の理念である。彼がその担い手とみなしたのは、抑圧的な制度を解体する革命の担い手であり、ブルジョワや教養俗物の対立概念としての「民衆 Volk」であった。「民衆」にこそ「本来の生命力」「芸術作品を生み出す力」が宿っているのであり、彼らによって作り出される「未来の共通=共同の芸術作品」が奢侈と利己主義によって疎外した現実社会を打破できると彼は考えたのである。芸術が政治もしくは社会と接続し、民衆が主体となって社会を変革させていくという考えに、シュリンゲンジーフも、彼が模範として仰いだヨーゼフ・ボイスも強い影響を受けた。

彼らが主体としようとした「Volk」という概念はしかし、一筋縄ではいかない。そもそも「Volk」という概念は、ドイツ語の概念のなかでも最も扱いの難しいものの一つであるとされる。国民、人民、民衆、民族、大衆、庶民など、時代と文脈によって意味するものは玉虫色に変化してきたが、いずれにしても常に「上と下、内と外への境界をつけること」と一体であり、それゆえに「血なまぐさい闘い」を繰り広げてきた。[28] 一九世紀後半以降には、人種主義、国粋主義、あるいは反ユダヤ主義的な傾向がドイツで激化するなかで「汚染」され、第二次大戦後はタブー視され、民族や人種という意味での「Volk」に「Ethnie」などの言葉が代用されるようになった[29]。その後、ベルリンの壁崩壊につながる平和革命の引き金となった「月曜デモ」(一九八九年)で、「Wir sind das Volk!」(我々こそが人民だ!)がスローガンとなったことで、この概念は民主化運動の象徴として復権した。ところが近年、このスローガンをAfD(ドイツのための選択肢)やPEGIDA(西欧のイスラム化に反対する欧州愛国主義者)などの極右勢力が転用して世論を分断している。ここでのVolkは、かつてのように「内と外」を隔てるための合言葉であり、彼らのいう「我々」からは、イスラム圏からの移民を中心とした外国人は排除されている。

ワーグナーのVolk観もこうした歴史的な文脈のなかで捉えられなければならない。一八五〇年ごろを境に、彼の考える「Volk」は「民衆」から「ドイツ民族」へとシフトし、晩年には過激な人種主義的、反ユダヤ主義思想と強く結びついた。それが結果的にナチス・ドイツのイデオロギーとの親和性を生み出し、ワーグナーとその作品の受容史に多大な影響を与えることとなった。「総合芸術」の理念がしばしばナチスのイデオロギーと同一視されるようになったのである。しかし、少なくとも「総合芸術」の理念を追求していた時点では、「Volk」はむしろ国民(Nation)の対立概念であり、「ドイツ的なもの」を超越した普遍的なものとワーグナーは繰り返し述べている[30]。「総合芸術」のマニフェストである著作「未来の芸術作品」(一八五〇)のなかで彼は、「Volk」を「共同的なもの」、いるあらゆる個人の総体[31]」、社会変革への「共通の苦境＝必要Not というものを感じている、すべての人間の総体[32]」と定義しており、「乞食から王侯貴族にいたる私たち誰もが」含まれると明記している[33]。彼が理想とした民衆は、「特定の文化や人種にも、また既成の社会階層にも帰属されず、むしろそれらを解体する『世界史的意味』に即して[34]」理解されるべきものなのだ。ワーグナーの「総合芸術」をナチスの全体主義と同一視する見方[35]に対して、政治学者のウード・ベルムバッハは、ワーグナーは、個が全体に埋没すること、同化して匿名となることを前提とはしていないと反論する。ワーグナーのいう「民衆」とは、「個を否定するような均質化された大衆でも、区分のない一つの集合体でもなく〔……〕個人とそれ以外の個人、つまり多数の人々との間の緊張関係から生まれる共同体[36]」であり、個とその他大勢との弁証法的な働きかけによって、初めて理想の共同体が成就すると彼は考えていた。

シュリンゲンジーフは、まさにこのような民衆観に共鳴し、それをさらにグローバルな規模に拡張した。彼は、社会の底辺にいる人々、周縁化された人々、自文化のなかで異他の立場に置かれてきた人々をフォーカスしたのだ。これらの人々を排除しなかったという意味においては、ワーグナーの民衆理念にはない、イエスの実践を規範とする初期キリスト教への親和性さえ認められる。しかしシュリンゲンジーフは、単に彼らを排除しなかっただけにとどまらない。彼らを劇中の登場人物と等価に扱い、場合によっては彼らを上演の主体として中心に据え、そのかけがえのない個性を発揮させるような場を自らの芸術のなかで具体化した。

彼のこうした姿勢は、一九九〇年代以降の一連のパフォーマンスや演劇でも一貫している。

一九九八年に彼が行った、新政党を作るパフォーマンス『チャンス2000　ドイツからの決別』のモットーを、「社会のなかのあらゆる見えない人たちを再び見えるようにする」[37]としているように、失業者、亡命申請者、ネオナチ、障害者などの社会的マイノリティを積極的に起用した。初のオペラ演出となった《パルジファル》の演出の中でも数多くの黒人エキストラを登場させ、ダウン症、小人症などの障害者など、オペラ文化に属さないとみなされてきた人々を登場させて物議を醸した。この演出で彼が行なったのは、（ヨーゼフ・ボイスの「拡張された芸術概念」になぞらえた）「拡張された『我々』概念」の実践だったと、哲学者のボリス・グロイスは述べている。

> シュリンゲンジーフが目指したのは、自分自身のグローバル化である。それは精神と文化、そして困難で共同の救済の模索におけるグローバル化である。〔……〕それは、ドイツ的な「我々」からの離脱を可能にする「『我々』概念 „Wir"-Begriff」に現れる。このドイツ的な「我々」は実に不快であり、ドイツ人とユダヤ人、ドイツ人とウサギといった区別が未だにほぼ自明のこととして受け止められている限り、まったく非生産的なままにとどまる。[38]（強調は筆者）

グロイスによれば、《パルジファル》演出で提示された「拡張された『我々』概念」は、ドイツに限定された、それ自体で完結した固有のものを表すのではなく、国籍も宗教も文化圏も関係なく、動物も含めたすべての生き物を包摂する。それは人類皆兄弟といった博愛主義ではなく、脱全体化された集合体のなかで、均質化されえない差異や相互の絶対的な矛盾を内包しながら個が存在する状態を「我々」と呼ぶ態度である。《パルジファル》演出において「我々」を結びつけるのは「共同の救済の模索」、すなわち生への意志ゆえに苦悩から逃れられない現世から解放されることを、人間も動植物も含めた全存在が求めているということなのだ。

《オランダ人》演出では、それよりも一般的で直接的な意味での「我々」、すなわち民衆が推進力を担う。彼らが上演の主体となり、芸術と生の境界を取り去るための媒体となるのだ。それが顕著になったのは第二幕の幕切れである。この場面では、視覚的にも音響的にも著しい中断が起こる。原作では、運命の出会いを果たしたオランダ人とゼンタが永遠の愛を誓い合う。シュリンゲンジーフの演出では、音楽が法悦の頂点に至った瞬間、スラム街に住む数十人のドラム奏者が列をなして、大音量で演奏しながら客席後方から乱入してくる。西洋文明の産物である堅固な調性システムも、伝統の中で練り上げられてきた和声法も、耳をつんざくような打楽器の根源的なリズムにかき消されて無力となる。劇場も客席の扉も開放され、五〇〇人もの現地の人々が押し寄せた。オペラとは無縁の世界で生きてきた人々によって、オペラという枠組みが、文字通り打ち壊されたのである。

舞台もこれに呼応する。目の眩むようなストロボスコープの効果のなか、舞台を覆う紗幕には、前述の『ソドムの市』の婚礼シーンが繰り返し映し出される。この映像と交互に、シュリンゲンジーフによる雑踏らしき映像も投影されるが、その内容はほとんど識別不可能なまでに乱れている。

紗幕の奥側では、回転舞台の上で、あらゆる登場人物に加えて、聖職者や従者の子供達、舞台を占領するかのような大掛かりな衣装をつけた複数のサンバのダンサーたち、スラム街に暮らす老若男女がひしめき合い、興奮を掻き立てるサンバのリズムに乗って思い思いに踊っている。その中には、シュリンゲンジーフの作品の常連俳優である、小人症のカリン・ヴィットと、その特異なキャリアと風貌ゆえにアウトサイダー芸術家と言われるクラウス・バイヤーも居合わせている。ここではもはや、主役も脇役もエキストラも関係ない。サンバの音楽やダンサーたちが醸し出す圧倒的な迫力が、シュリンゲンジーフが「死者の国」[39]とみなす《オランダ人》というオペラの陰鬱な空気を打ち破るのだ。さらに客席からは手拍子や興奮に満ちた声がドラムのリズムに重なり、混ざり合う。登場人物も現地の人も区別がなくなり、五分間に渡るディオニュソス的な陶酔の祝祭空間が出現する。視覚も聴覚も圧倒するノイズは、居合わせる者にもはや省察の余地を与えない。

「民衆オペラ」の構想をさらにラディカルに具体化したのが、オペラ上演二日前のオープニングイベントであった。劇場の前の広場では、《オランダ人》の抜粋の野外コンサートが催され、無料で開放された。ゼンタがオランダ人に永遠の愛を誓いながら海に身を投げる幕切れのクライマックスの場面が演奏された時、オペラ上演と同様に大勢のドラム奏者が登場し、「ゼンタの死は炸裂し、喜ばしい復活の祝祭へと吸収された」[40]。そこから、芸術家と観客が入り乱れた祝祭の行列が街に繰り出し、路上の人々も加わって、歌ったり踊ったりしながら、ネグロ川を目指して練り歩いた。二万五千人を超える人々と街全体を巻き込んだカーニバルが生まれたのだ。カーニバルとは越境の儀式である。なぜならそれは、「秩序と秩序のエアポケット」に位置し、秩序を停止させて混沌状態を作り出し「意識の過渡的状態を仲介する」[41]儀式だからである。シュリンゲンジーフが企てたこのハプニングも、生と芸術を透過させ、オペラという既存のシステムを転覆させる試みであったと言えるだろう[42]。

このイベントではキリスト教的なものと異端的なもの、宗教的なものと世俗的なものとが一体となり、芸術と生の境界も芸術家と民衆の境界も解消した。シュリンゲンジーフはバイロイトで演出した際に、漫然と受け身でオペラを消費する観客、「再認識できるという保証」[43]を頼りにワーグナー体験を期待する観客、すなわち自分の作品理解を自明のものとして疑わず、そこから逸脱するものに対して自らを開こうとしない閉鎖的な受容の姿勢を痛烈に批判し、挑発した。幕切れのカーニバルもオープニングのイベントも、そうした受け身の姿勢を揺るがす、予測も再生も制御も不可能な出来事である。そして、「ワーグナーをエリートたちの木小屋（＝祝祭劇場）から通りへと引っ張り出す」[44]という、バイロイトでは叶わなかったこのビジョンを、マナウスの《オランダ人》で実現した。

こうしてマナウスで初めて実現された「拡張されたオペラ概念 der erweiterte Opernbegriff」[45]は、ヨーゼフ・ボイスの芸術理念「拡張された芸術概念」（あるいは「社会彫刻」）の理念に依拠している。それは、誰もが芸術家、つまり自分で考え行動する一個の人間であり、またそうなる義務があり、それが社会を変えていく力になるというものである。その出発点は、自分自身が行動することによって自分を拡張あるいは越境していくことである。このように考えると、《オランダ人》の演出の冒頭と幕切れに映し出される、蠢きながらゆっくりと羽化していく蛹の姿は、じっと救済の時を待つオランダ人の姿を連想させるものであるだけでなく、人間が自分の殻を破り、自分の枠を超えていこうとする姿の象徴とも読み解けるかもしれない。

五　拡張された共同体モデル

シュリンゲンジーフは、自らのものと異他なるものの間をつなぐメディウムとして、異他なる文化と自らの文化の間でオペラの新たな地平を模索した。現地のアフロ・アメリカ文化を盛り込んだこと、社会的弱者や底辺の人々を登場させたこと、現地の人々が彼の演出指示に基づいて行動したことは、搾取の構造と変わらないのではないか、といった批判もあるかもしれない。しかし、シュリンゲンジーフの考案した演出であっても、それがいざ実行に移された時、たとえば第二幕の幕切れで、舞台上で入り乱れてサンバを踊る人々、客席に乱入してくるドラム奏者の一行、居合わせる観客との間で生じる出来事は、もはや演出家のコントロール外にある。そして、映像と演劇的要素が織りなす意味の層の、解釈の開放性とその不可能性についてもまた、連想がリゾーム状に拡張していく限り、やはり演出家のコントロールは及ばないということも、先に述べたとおりである。オープニングのカーニバルと同様に、上演での出来事は独自のダイナミズムに導かれて進行するため、「演出」の範疇を超えている。そうした自由な状況に上演空間を開き、自らを開き、観客もスラム街の人々もその体験空間に巻き込んだ。そこに生まれたのは、均質化されない差異の空間である。それは、「民衆」という集合的単数に含まれるそれぞれの個が、均質的な全体に還元されることのない「越境文化的な共同体」[46]のモデルケースであったと言えるのではないだろうか。

このようにシュリンゲンジーフは、オペラを多様でカオス的な共同体の実験モデルのように仕立てることで、これはもはやオペラではないのではないかという疑問を観客に生じさせるほど、オペラ概念の境界線をラディカルに拡張し、「それでも自分のプロジェクトは総合芸術としてのオペラである」とした。これほどまでに既存の芸術概念を拡張した実験モデルとしてのオペラと、同様に、個の多様性の自律を許容したラディカルにオープンな共同体のモデルケースは、相通ずるところがある。オペラの考え方がこれほどまで拡張しうることが観客に許容されれば、おそらく社会以上に統一性が重視されがちな共同体も大胆な多様性を内包しうるという認識も理解可能になる。この両次元の拡大の可能性を並行して求めたのが、シュリンゲンジーフの越境文化の特徴である。

そしてさらには、ワーグナーがオペラを、理想的共同体を構築するための至上のモデルとして掲げたのに対し、シュリンゲンジーフはそのようなモデルではなく、より複雑な「生」の現実を取り込みつつ、それをラディカルに衝突させ、さまざまな異他を内包するものとしての共同体に肉薄した。そうすることによって、シュリンゲンジーフは、ワーグナーが実践としては完遂しえなかった「Volk」像を彼なりの美学のもとに具現化したのである。

註

（1）この用語をめぐる言説の変遷については、以下を参照のこと。Wenzel, Anna-Lena: *Grenzüberschreitungen in der Gegenwartskunst. Ästhetische und philosophische Positionen*, Bielefeld: transcript 2011.

（2）Janke, Pia: „Schlingensief war Opernkomponist". Gespräch mit Barbara Beyer, Jörg van der Horst, Thomas Wördehoff, moderiert von Pia Janke, in: Janke, Pia / Kovacs, Teresa (eds.): *Der Gesamtkünstler Christoph Schlingensief*, Wien: Praesens 2011, p.167.

（3）Schlingensief, Christoph: *Ich weiß, ich war's*. Laberenz, Aino (ed.), Köln: Kiepenheuer & Witsch 2012, p.166.

（4）Cf. Janke / Kovacs (eds.): *Der Gesamtkünstler Christoph Schlingensief*, Wien: Praesens 2011.

（5）北川千香子「オペラにおけるポストドラマ性――シュリンゲンジーフの《パルジファル》演出を例として――」、『演劇学論集』第六七号（二〇一九）、三一―五四頁。

（6）Schlingensief: *Ich weiß, ich war's*, p.165.

（7）Ibid., p.166. 演出分析にはＤＶＤ映像を用いた（Christoph Schlingensief: *Der fliegende Holländer*, Filmgalerie 451, Berlin 2016）。また、本稿で言及したマナウスでの一連のプロジェクトについても、同一のＤＶＤに収録されいるドキュメンタリー映像を参照した。

（8）„Ich langweile mich schnell", Kurier-Interview mit dem Regisseur Schlingensief, in: *Nordbayerischer Kurier* vom 24. / 25. Juli 2004, p.9. マナウスでの《オランダ人》の演出に関連してサン・パウロで展示したインスタレーション *Trem Fantasma. Prototyp einer Operngeisterbahn* で、その会場となった入り口には「民衆のためのバイロイト Bayreuth für das Volk」というスローガンが掲げられた。

（9）van der Horst, Jörg: In Sachen Wagner bin ich ein Suchender: Verwandlungsszenen mit Christoph Schlingensief, in: *Wagner Kino: Spuren und Wirkungen Richard Wagners in der Filmkunst*, Hamburg: Junius Verlag 2013, pp.168-72.

（10）Heeg, Günther: Was ist das transkulturelle Theater?, in: Kovacs, Teresa / Nonoa, Koku G. (eds.): *Postdramatisches Theater als transkulturelles Theater: Eine transdisziplinäre Annäherung*, Tübingen: Narr 2018, pp.42-4.

（11）Schlingensief im Beitrag von Carsten Thurau, *heute journal*, ZDF, 22.4.2007. https://www.schlingensief.com/flashvideo.php?b=320&h=258&id=manaus_heutejournal（閲覧日二〇二〇年四月一〇日）

（12）Bloch, Natalie: Schlingensief, das Operndorf und Afrika. Inszenierungen eines komplexen Verhältnisses, in: Bloch, Natalie / Heimböckel, Dieter (eds.): *Theater und Ethnologie: Beiträge zu einer produktiven Beziehung*, Tübingen: Narr 2016, p.116.

(13) Ibid., pp.115-9.

(14) Ibid., p.122.

(15) このシュリンゲンジーフの態度を考えるうえで、「メタクシュ μεταξύ」という概念が参考になる。哲学者のシモーヌ・ヴェイユによれば、「半ばに位置すること」を意味する「メタクシュ」とは、同時に「両者の断絶を承認しながらもその断絶を超え出ることを可能にする」ものでもある。本論で示すように、シュリンゲンジーフは《オランダ人》演出を通して、自らのものと異他なるものの間に立ち、両者を均質化することも、一つの大きな全体に統合することもせず、異質なもの同士が自律し、衝突しながらも許容し合いながら共存する場、すなわち「断絶を超え出る」場を作り出したと言える。池田華子「シモーヌ・ヴェイユにおける「メタクシュ」のはたらき」、「京都大学大学院教育学研究科紀要」第五四号(二〇〇八)三九八―四一一頁参照。

(16) Schlingensief: *Ich weiß, ich war's*, p.165.

(17) Warstatt, Matthias: *Krise und Heilung. Wirkungsästhetiken des Theaters*, München: Wilhelm Fink 2011, p.127.

(18) Bleuler, Marcel: Raum der unüberwindbaren Differenz? Christoph Schlingensiefs Arbeit in Afrika und das Operndorf-Residency 2016, in: Bleuler, Marcel / Moser, Anita (eds.): *ent/grenzen. Künstlerische und kulturwissenschaftliche Perspektiven auf Grenzräume, Migration und Ungleichheit*, Bielefeld: transcript 2016, p.182.

(19) Schlingensief, Christoph: Interview mit Martina Merklinger, in: *Navio Fantasma – Ópera Fantástica*, 2007. http://www.schlingensief.com/weblog/?p=224(閲覧日 二〇二〇年四月一〇日)

(20) Diederichsen, Diedrich: Diskursverknappungsbekämpfung und negatives Gesamtkunstwerk: Christoph Schlingensief und seine Musik, in: Janke / Kovacs: *Der Gesamtkünstler Christoph Schlingensief*, pp.60-8.

(21) Heeg, Günther: *Das transkulturelle Theater*, Berlin: Theater der Zeit 2017, p.61.

(22) 萩原八郎他『ブラジルの都市問題―貧困と格差を越えて』春風社、二〇〇九年。辻哲三「ブラジル文化と経済の(歴史的な)関係について(二)」https://cenb.org.br/articles/display/230(閲覧日 二〇二〇年四月一〇日)

(23) そのほかにも、オスカー・フィッシンガーの抽象映画『青のコンポジション *Komposition in Blau*』(一九三五、ドイツ)や、マン・レイの『ひとで *L'Étoile de mer*』(一九二八、フランス)をシュリンゲンジーフが現地の老夫婦を起用してリメイクした映像も使用されている。《オランダ人》の演出でとりわけ重要なのは、同じくシュリンゲンジーフによる、ヴェルナー・ヘルツォークの《フィッツカラルド》(一九八二、西ドイツ)のリメイク映像である(註25を参照のこと)。

（24）Schlingensief, Christoph: *Holländer C2 – Die Ausweitung der Dunkelphase* (Deutschland / Brasilien 2007).
（25）ドラマトゥルクのマティアス・ペースによれば、アマゾン奥地にオペラ劇場を建設するという、奇想天外な夢に取り憑かれた西洋人男性をクラウス・キンスキーが演じるこのスペクタクル映画は、シュリンゲンジーフの《オランダ人》演出の構想全体に多大なインスピレーションを与えた。また、主人公が先住民族の力を借りてこの無謀な計画の実行に挑む物語は、アフリカの「オペラ村」の構想の土台にもなっている。Cf. Gebbers, Anna-Catharina: ‚Der Fliegende Holländer' in der Inszenierung von Christoph Schlingensief, Manaus 2007. Eine Annäherung anhand von Dokumenten, Aufzeichnungen und Gesprächen mit Mitarbeitern (2012). http://www.act.uni-bayreuth.de/de/archiv/201203/04_Gebbers_Schlingensief/index.html（閲覧日二〇二〇年四月一〇日）
（26）シュリンゲンジーフの芸術と、ドゥルーズ／ガタリのリゾーム理論との類似性については以下に詳しい。Hoffmann, Antje: Scheitern als Chance. Zur Dramaturgie von Christoph Schlingensief, in: Reichel, Peter (ed.): *Studien zur Dramaturgie: Kontexte – Implikationen – Berufspraxis*, Tübingen: Narr 2000, pp.223-6.
（27）Seeßlen, Georg: Mein idealer Künstler zurzeit, in: *Frankfurter Allgemeine Zeitung* vom 5. März 2010.
（28）Wildt, Michael: *Volk, Volksgemeinschaft, AfD*, Hamburg: Hamburger Edition 2017, p.15.
（29）Nolte, Paul: *Die Ordnung der deutschen Gesellschaft. Selbstentwurf und Selbstbeschreibung im 20. Jahrhundert*, München: C.H.Beck 2000, pp.219-20; Beer, Bettina: Kultur und Ethnizität, in: Beer, Bettina / Fischer, Hans (eds.): *Ethnologie. Eine Einführung*, 7th edition, Berlin: Dietrich Reimer 2012, pp.62-3.
（30）吉田寛『ヴァーグナーの「ドイツ」―超政治とナショナル・アイデンティティのゆくえ』青弓社、二〇〇九年、一一八頁。もともと統一ドイツの実現のために闘志を燃やしていたワーグナーが、革命直後に非国民的(unnational)で普遍的(universell)な立場に転じるに至ったのは、革命に失敗して国から追放され、ドイツという拠りどころを失った彼にとって、残されたのは「民衆」だけだったためである。同書、一一七―一三五頁参照。
（31）リヒャルト・ワーグナー「未来の芸術作品」藤野一夫訳、三光長治監訳『友人たちへの伝言』法政大学出版局、二〇一二年、六九頁。傍点は原著者による。
（32）同書、七〇頁。
（33）同書、六九―七〇頁。
（34）藤野一夫「民衆(民族)」、『ワーグナー事典』東京書籍二〇〇二年、三五五―三五七頁。

（35） 例えば、ヤン・エンドリク・ニールマンは、ワーグナーの総合芸術には、「常にナチス的な、反ユダヤ的な響きが混じる。彼の総合芸術は世界権力という幻想や誇大妄想と何が違うというのか」と断じている。Niermann, Jan Endrik: *Schlingensief und das Operndorf Afrika. Analysen der Alterität*, Wiesbaden: Springer 2013, p.81.

（36） Bermbach, Udo: *Der Wahn des Gesamtkunstwerks. Richard Wagners politisch-ästhetische Utopie*, Stuttgart / Weimar: J.B. Metzler 2010, pp.232-3.

（37） Schlingensief, Christoph: Losrasen für Deutschland – Interview mit Anke Dürr und Joachim Kronsbein, in: *Der Spiegel* vom 9.3.1998. https://www.spiegel.de/spiegel/print/d-7833781.html（閲覧日 二〇二〇年九月一二日）

（38） Der erweiterte „Wir"-Begriff. Ein Gespräch von Carl Hegemann mit Boris Groys am Tag nach der Bayreuther *Parsifal*-Premiere, in: *Nordbayerischer Kurier* vom 29.7.2005. https://www.schlingensief.com/projekt.php?id=t044&article=groyshegemann（閲覧日 二〇二〇年四月一〇日）

（39） Schlingensief, zit. nach Gebbers: ‚Der Fliegende Holländer' in der Inszenierung von Christoph Schlingensief, Manaus 2007. http://www.act.uni-bayreuth.de/de/archiv/201203/04_Gebbers_Schlingensief/index.html（閲覧日 二〇二〇年四月一〇日）

（40） Ibid.

（41） 山口昌男『文化と両義性』岩波書店、二〇〇〇年、九四―九九頁。

（42） フリオ・カロ・バロッハ『カーニバル　その歴史的文化的考察』佐々木孝訳、法政大学出版局、一九八七年、四―一八五頁参照。

（43） Schlingensief, Christoph: Weehee, Weheee – Interview mit Peter Laudenbach, in: *Der Tagesspiegel* vom 26.7.2004.

（44） Zit. nach Bruderreck, Markus: Christoph Schlingensiefs ‚Wagner-Rallye' im Rahmen der Ruhrfestspiele, *NDR Kultur* vom 5.5.2004. https://www.wagner-rallye.de/200405177.php（閲覧日 二〇二〇年四月一〇日）

（45） van der Horst, Jörg, zit. nach Gebbers: ‚Der Fliegende Holländer' in der Inszenierung von Christoph Schlingensief, Manaus 2007. http://www.act.uni-bayeuth.de/de/archiv/201203/04_Gebbers_Schlingensief/index.html（閲覧日 二〇二〇年四月一〇日）

（46） Heeg, Günther: *Das transkulturelle Theater*, p.14.

あとがき

本書は、観劇などの芸術経験の考察を通じて、私たちが普段、自明と思っている文化的事象を問い直し、その問いの考察から何らかの知見を導き出そうとするものである。九名の執筆者が国内外の舞台作品や朗読パフォーマンス、戯曲、日独の両言語で書かれたユニークな詩のなかに見出される文化的自明性への問いかけを考察した。

文化的意識を問い直す芸術経験の意義を導き出す試みは、取り立てて特筆するまでもないと思う向きもあるだろう。しかしこの意義は、一部の政治家や人々が特定の芸術作品に対する憎悪を露わにして、その公開を阻止する一方、特定の娯楽団体だけに巨額の税金が投入される昨今の状況を踏まえれば、再認識する必要があると思われる。

序章で述べたように、近代以降の芸術作品は本来、芸術家や制作集団が独自の虚構世界を作り、それを鑑賞者に提示する一方、鑑賞者は一個人としてその作品について――現実ではなく虚構の次元であるからこそ――自由かつ大胆に想像を巡らしたり、解釈したりする。鑑賞者は、例えば自分が「日本人」であるといった社会的・文化的帰属に固執することなく、この世界のどこかに生きる一個人として作品の虚構世界と向き合うことができる。作品の評価も、まずはその制作者である芸術家や芸術家集団という個性に向けられるのであって、彼らの帰属先である国家や文化圏に対して向けられるものではない。しかしクール・ジャパンやアメリカのソフト・パワー戦略などでは、芸術作品や文化的事象が、その公開の端緒から特定の文化圏や国家の帰属物のように扱われて国外に発信される事例が増えている。芸術作品は本来、個人や個性的な集団の成果であり、それをまず評価すべきであるにもかかわらず、個性を特定の帰属先に押し込めるようにして公開することが、さほど疑問視されないまま行われている。

このように芸術本来の意義を誤解する最近の文化的風潮を問い直すためにも、多くの人々がどことなく自明だと思っている事柄に——芸術ならではの自由で大胆な発想から——疑問を呈する作品の意義は改めて認識されるべきであろう。芸術作品がときに文化や社会などの既存のシステムや権力者たちに対して挑発的な問いを投げかけたとしても、それゆえただちに文化・社会・権力の基盤が崩れることはない。芸術作品の批判的メッセージはあくまで個人の意識に訴えるのであり、現実世界に実際に存在する勢力を直接変えるわけではないのである。これに対して、為政者が特定の作品に向けて強い圧力を加えると、その作品は公開すらされなくなり、人々が芸術作品と接して自由に考える機会が失われてしまう。結果として、私たちは、仕事や普段の生活以外の場、すなわち文化芸術の場において、自分の自由な発想や実験精神を広げたり、深めたりする機会を狭めてしまうことになる。こうして、多様に開かれた文化が少しずつ蝕まれていき、やがて多くの人々が日常生活において息苦しさを感じるようになる。これが文化の危機にほかならない。

本書は、個人の自由な発想を活かす文化がこれからの社会にいっそう重要であると考えるからこそ、文化の自明性をそのつど問い直す必要性を訴えたつもりである。文化が大切だからこそ、文化をあえて問い直すという意義あるパラドックスと、文化を支える芸術活動の重要性が広く認知されることを切に願っている。

本書が成立するまでには、多方面からご支援をいただいた。各執筆者が論を作り上げる過程では、編著者が立ち上げた科学研究費プロジェクト「越境文化演劇研究」の研究資金を受けた。この援助により、本書と同じ方向で文化研究を進めるライプツィヒ大学演劇学研究所の研究メンバーや、ベルリン自由大学、ベルリン芸術大学、ギーセン大学、ルクセンブルク大学の研究者や、東欧、東アジア、アフリカの研究者や芸術家と文化芸術に関する議論を国内外で行うことができた。本書の準備段階では、ライプツィヒ大学名誉教授ギュンター・ヘーグ氏から貴重な助言をいただいた。本を出版するに当たり、慶應義塾大学の学術研究支援部から資金援助を受けた。編集では彩流社の河野和憲氏に柔軟な対応をしていただき、安心して本の完成まで漕ぎ着けることができた。ここに記してお礼を申し上げます。

編著者一同

二〇二〇年　晩秋

【編著者および執筆者紹介】

編著者

平田栄一朗（ひらた・えいいちろう）　演劇学・ドイツ演劇、慶應義塾大学文学部教授、序章

針貝真理子（はりがい・まりこ）　演劇学・ドイツ文学、東京藝術大学音楽学部准教授、第七章

北川千香子（きたがわ・ちかこ）　演劇学・オペラ研究、慶應義塾大学商学部准教授、第八章

執筆者

寺尾恵仁（てらお・えひと）　演劇学・ドイツ文学、獨協大学等非常勤講師、第一章

栗田くり菜（くりた・くりな）　移民文学、法政大学等非常勤講師、第二章

三宅舞（みやけ・まい）　演劇学・ドイツ文学、日本大学等非常勤講師、第三章

宮下寛司（みやした・かんじ）　演劇学・舞踊学、慶應義塾大学等非常勤講師、第四章

石見舟（いしみ・しゅう）　演劇学・ドイツ文学、ライプツィヒ大学演劇学研究所博士課程、第五章

谷本知沙（たにもと・ちさ）　ドイツ文学、慶應義塾大学大学院文学研究科後期博士課程、第六章

［カバー写真］岡田利規『God Bless Baseball』©Asia Culture Center-Theater/Korea (Moon So Young)

Sairyusha

文化《ぶんか》を問《と》い直《なお》す——舞台芸術《ぶたいげいじゅつ》の視座《しざ》から

二〇二一年一月三十日　初版第一刷

編著者——平田栄一朗・針貝真理子・北川千香子

発行者——河野和憲

発行所——株式会社 彩流社

〒101-0051
東京都千代田区神田神保町3-10大行ビル6階
電話：03-3234-5931
ファックス：03-3234-5932
E-mail：sairyusha@sairyusha.co.jp

印刷——明和印刷（株）

製本——（株）村上製本所

装丁——宗利淳一

Printed in Japan, 2021
ISBN978-4-7791 2721-2 C0074
http://www.sairyusha.co.jp

フィギュール彩

〔既刊〕

⑪ 壁の向こうの天使たち

越川芳明◉著

定価(本体1800円+税)

天使とは死者たちの声なのかもしれない。あるいは森や河や海の精霊の声なのかもしれない。「ボーダー映画」に登場する人物への共鳴。「壁」をすり抜ける知恵を見つける試み。

㊼ 誰もがみんな子どもだった

ジェリー・グリスウォルド◉著/渡邉藍衣・越川瑛理◉訳

定価(本体1800円+税)

優れた作家は大人になっても自身の「子ども時代」と繋がっていて大事にしているので、子どもに向かって真摯に語ることができる。大人(のため)だからこその「児童文学」入門書。

㊵ 編集ばか

坪内祐三・名田屋昭二・内藤誠◉著

定価(本体1600円+税)

弱冠32歳で「週刊現代」編集長に抜擢された名田屋。そして早大・木村毅ゼミ同門で東映プログラムピクチャー内藤監督。同時代的な活動を批評家・坪内氏の司会進行で語り尽くす。